KB122291

한 번쯤은 내 인생을
말하고 싶었다.

김지나

더나음

한 번쯤은 내 인생을 말하고 싶었다.

초판 1쇄 발행 2021년 10월 30일
지은이 김지나
발행처 더나음
등록 제2021-000036호
주소 대전광역시 서구 둔산북로 160
전화 042-352-1628
이메일 haneljina@naver.com
발행인 김지나
인쇄 우진기획
ISBN 979-11-976159-0-0

'더나음'은 독자 여러분의 투고를 기다립니다. 자기계발, 자서전, 수필 등을 계획 중이신 분들을 본사 전화나 이메일로 연락바랍니다.

책값은 뒤표지에 있습니다.

추천사

　"사람은 책을 통해 꿈을 이룬다"라는 故 김낙준 초대회장님 말씀처럼 우리 금성출판사 임직원들과 회원들은 책과 함께 꿈을 꾸고 꿈을 이루고 있습니다. 그리고 서로의 꿈을 응원하며 오늘도 하루하루 열심히 달리고 있지요.

　김지나 선생님은 늘 열정과 진정성이 남다른 분으로, 그 에너지에 늘 저도 새로운 꿈을 꾸고 도전하게 됩니다. 여기, 이렇게 책의 저자가 꿈이었던 김지나 선생님의 첫 책을 먼저 읽어볼 수 있어 영광이며, 책 출간을 축하드립니다.

　푸르넷 김지나 선생님의 반짝이는 열정과 일상을 들여다보며, 어떤 어려움 속에서도 푸른 소나무처럼 꿋꿋하게 역경을 극복하며 자기 인생의 주인공으로 당당하고 멋지게 역할을 다하고 있는 선생님의 삶에 새삼 경이로움을 느꼈습니다.

앞으로의 여정에서도 저와 우리 금성출판사가 더 튼튼한 버팀목이 될 수 있기를 바랍니다.

김지나 선생님이 보내는 '힘들고 지친 사람들에게 전하는 희망 메시지'를 함께 느껴 보시길 독자 여러분들에게 자신 있게 추천합니다.

그리고 이 시대를 사는 모든 분들의 삶과 김지나 선생님을 계속 응원하겠습니다.

금성처럼 반짝이는 김지나 선생님의 삶을 응원하며

김무상, 금성출판사 회장

들어가며

남들은 말한다.

"너무 부러워할 거 없어."

"별거 없어."

"있으나 없으나 다 똑같아."

정말 그 말이 사실인지도 모르겠다. 여섯 해 길지 않은 나의 결혼생활로는 나는 보통사람들의 그것을 알지 못한다.

그리고 많이 잊었다. 그래도.

"혼자가 나아." 이 말은 제발 하지 않았으면 좋겠다.

평범하게 살아간다는 게 그렇지 못한 사람에겐 얼마나 부러운 것인지 그들은 모른다. 온전한 내 편이 있다는 게 얼마나 위안을 주는지, 아이의 문제로 같이 고민하고 걱정해 주는 사람이 있다는 것이 또 얼마나 행복한 것인지 그들은 모른다.

나는 아이에게 아빠의 빈자리가 아무렇지 않도록 열심히 일하는, 오로지 일만 아는 엄마이며 가장이다.

그러는 이유가 있다. 아빠가 없지만, 아이가 주눅 들지 않고 친구들과 즐겁게 사귀며, 자존감 있는 어른으로 자라는 것, 그걸 위해 엄마가 잘 살아야하기 때문이다. 나는 그게 목표였다.

그리고 지금 생각하니 그렇게 살아온 덕에 내 자존감이 자랐고 내가 비로소 어른이 되었다는 것도 알았다.

글을 쓰면서 많이 아팠다. 나를 들여다보았다. 다 잊은 줄 알았던 아픈 기억은 치유되지 않은 채 내 잠재의식 속 저 밑바닥에 그대로 방치되어 있었다.

내 이야기를 세상에 내놓으면서 훌훌 털어내고 싶었지만 여전히 아픈 상처였다.

글을 쓰는 중간 다시 떠오르는 기억에 앓아눕고, 다시 힘내어 노트북을 열기를 몇 번이나 반복했다.

살아내는데 급급해서 아프다고, 힘들다고 소리 내어 울어보지도 못했다. 내 마음이 아픈들 갓 일곱 살 아들과 사랑하는 가족을 남기도 떠난 남편의 속상한 마음에 비길 수는 없을 거란 생각에 눈물도 사치였다.

잊어야만 삶을 살아갈 수 있었기에, 애써 참아온 시간과 기억을 이 책으로 내려놓을 수 있음이 감사하다.

늘 긴장 속 서른여섯의 나는 격동의 시간을 보내온 덕에 지금은 많이 평온해졌다. 나를 위로해 줄 마음의 여유도 생긴 것 같다.

일곱 살 아이를 살뜰히 돌보지 않아 많이 미안하다. 그땐 어쩔 수 없었다는 것 역시 핑계였을 것이다. 더 잘 돌보았어야 했는데, 난 부족한 엄마였다.

돈 없고 용감하지 못한 엄마 탓에 아이는 고생했다. 다른 친구들처럼 똑똑한 엄마가 만들어 준 시간표가 있었다면 공부하는 것이 덜 힘들었을 것 같다.

많이 아팠을 일곱 살 아이에게도 미안하다. 세상이 변하는 것도 모르고 바쁘기만 한 엄마에게 불만도 많았을 텐데, 이만큼 자란 아이가 고맙다.

수업 중 과로로 몇 번이나 쓰러졌다. 올 봄 의사는 스트레스 받지 말고 물도 많이 마시고 화장실도 가고 싶을 때 가라고 했다. 혼자 꾸려가는 작은 공부방에선 마음대로 물을 마실 시간도, 화장실을 제때 갈 마음의 여유도 없었다.

공부방에서 내 차례는 늘 아이들 다음이다. 수업에 온 아이들을 챙기다 보면 화장실도 제대로 못가는 것은 늘 있는 일이고, 물을 옆에 두고도 믹스커피를 따뜻할 때 마셔본 적이 없다.

성격 탓이다.

나 하나 보고 이 공부방에 왔고 또 나를 선생님이라 불러주는 아이들이 너무 고맙다. 내겐 아이들이 모든 것에 우선이다.

일복이 있고 인복도 많아 지금껏 잘 해왔지만, 나를 세상에 내어놓는 것이 많이 부끄럽다. 그럼에도 내 지나온 삶이 누군가에게 희망이 될지도 모른다는 생각에 용기를 내어본다.

세상엔 나보다 더 힘든 상황을 이겨낸 사람들도 많다. 그들은 대단한 사람들이다. 그에 비하면 내 삶은 초라하지만 한편으론 내가 보통사람이기에 더 용기를 냈다.

어찌 되었든 살아야 하기에…. 나 같은 보통사람들이 이 책을 통해 조금은 그들의 고통스러운 삶을 참아내고 위로받으며 이겨낼 힘을 얻지 않을까?

그저 평범하기만 해도 좋겠다고, 왜 나만 이렇게 힘이 들까 느끼는 모든 사람들과 내 이야기를 나눌 수 있었으면 좋겠다.

괜찮아, 우리 일단 오늘을 살아내자 말하고 싶다.

2021년 가을에….

- 글의 순서 -

제 1 막

남편이 떠났다.

남편을 눕힌 침대는 급박히 수술실로 오르고, 그를 태운 엘리베이터는 3층을 가리키고 있었다.

그는 누운 채로 머리를 들어 올려 내 눈을 맞추고 "다녀올게" 말하고 있었다. 그리고 이 말은 그의 마지막 말이 되었다.
그의 말이 지금도 귀에 생생하다.

그리고 한참이 지난 지금, 조금은 괜찮아진 가슴으로 천천히 내가 걸어온 길을 돌아본다. 이제는 그럴 나이가 되었나 보다.

그저 보통의
여자아이였다.

영리하지 못한 아이….
자기 눈에 보이는 것만이,
그저 세상 전부라고 믿으며 살던 아이….
그런 지나라는 작은 여자아이가 있었다.

초등학교를 1년 일찍 들어간 나는 학교 숙제가 버거워 숙제를 하다가 잠든 일이 많았다. 하루는 엄마가 이런 어린 딸의 모습이 안쓰러워 숙제를 대신 한 적이 있었다.

그런데 잠이 깬 나는 왜 숙제를 대신했냐며 펑펑 울면서 엄마가 색연필로 쓴 숙제를 지우개로 빡빡 지웠다. 그 뒤로 엄마는 어린 딸의 숙제를 다시는 거들지 않았다.

몇 살 때인가? 엄마는 오빠와 나를 자전거에 태우고 영화관으로 달렸다. 당시 시골아이들의 세계에서 유명한 '똘이 장군'만화 영화를 보러 가는 길이었다. 그런데 갑작스러운 승용차의 돌진으로 차를 피하려다 우리 셋은 바닥에 뒹굴었다.

다행히 차와 충돌은 피했다. 어머니는 이리저리 살펴보시고 무릎에 흐르는 피를 닦고 빨간 약을 발라주시면서 말씀하셨다.

"우리 지나 많이 안 다쳤구나. 다행이다. 괜찮아."

엄마의 말씀 때문인지 나는 정말 하나도 안 아팠다. 나는 엄마의 따뜻한 말 한마디가 전부인 아이였다. 무섭지도 아프지도 않았다.

그리고 신나게 엄마 오빠와 함께 고대하던 만화 영화에 심취하는 잘 믿고 늦된 그런 아이였다.

보러 간 영화에 빨간 늑대가 나왔는데, 불을 뿜어대는 무서운 북한군이었다. 나는 그때 북한에는 빨간 늑대가 사는 줄로만 알았다. 만화 영화에 나오는 당시의 그런 영화나 포스터 등은 반공교육을 위해 만들어졌던 것이라는 것도 한참이나 지나서 알았다.

초등학교 시절까지 학교에서는 반공 영화를 단체로 보러 갔다. 지금의 대체수업이었다. 그런 날마다 무서운 꿈을 꾸었다. 북한군이 쳐들어오는 꿈, 그리고 나는 지하 반공호에 숨어 웅크리고 있는 악몽을 꾸었다.

하여튼 생각해보면 나는 조금 느리고, 겁도 많았으며, 고집은 센 울보 여자아이였다.

우리 집엔 5살과 10살 차이가 나는 두 여동생들, 그리고 3살 위 오빠가 있다. 부모님께 하나뿐인 아들인 오빠는 정말 귀남이 그 자체였다. 아마 오빠도 인정할 거다.

모든 집안의 물적, 정신적 지원은 오빠에게 집중되었다. 동생들이 태어나기 전까진 나도 꽤 금이야 옥이야 하는 귀한 존재였다. 그런데 아들 하나 더 고대하시며 낳은 동생들이 모두 여자들이었다.

그 후로 나는 위로는 오빠 아래로는 어린 여동생들 사이에 그냥 둘째로의 끼인 인생을 살게 되었다.

그나마 다행인 것은 모든 것이 오빠에게 집중된 덕에 나는 부모님의 관심에서 벗어났다. 어릴 적부터 누군가에게 간섭받는 것이 싫었던 모양이다.

집안 형편이 어려웠지만, 오빠와 교육과정이 같아서 오빠 것을 그대로 물려받아 공부하였다. 내게 필요한 건 오빠한테 다 있었다. 게다가 오빠가 쓰고 난 것들은 새로 산 것 같이 깨끗했다.

　　오빠에게서 물려받은 자습서는 학교에서 이해하지 못한 것들을 알 수 있는 유일한 창구였다. 내가 모르는 것, 내일 선생님이 물어보실 것 같은 질문들이 가득 들어 있어 좋았다.

　　하지만 나는 동생들처럼 피아노학원, 영어, 수학 과외 같은 것들은 생각지도 못했다. 넉넉지 못한 집안 형편과 오빠에게 집중하는 분위기 속에 나는 맏딸로서 내색도 못 하였다.

온실 속에서
생존방식을 배우다.

그래서 그랬는지 나는 중학교 시절부터 혼자 살아내는 법을 배웠던 것 같다.

중학교 입학 할 때 나는 ABC도 몰랐다. 학교 영어 수업시간에 선생님의 수업을 전혀, 도무지, 하나도 알아들을 수가 없었다. 게다가 1학년 담임은 영어 선생님이었다.

매일 아침이면 영어 수업이 있건 없건 선생님을 만나야 했기에 학교 갈 생각만 해도 심장이 콩닥거렸다.

내일이 너무 걱정되어 잠을 제대로 잘 수가 없었다. 아무 말도 못 하고 자리에서 일어선 채 있는 나를 생각만 해도 끔찍했다.

악몽 같던 한 달이 지날 무렵 오빠 책꽂이에 꽂혀있는 정철 영어 테이프 세트를 발견했다.

오빠는 동생들이 많다 보니 자기물건에 손대는 걸 그 무엇보다 싫어했다. 하지만 나는 오빠가 중학교 1학년 때 쓰던 영어 자습서와 정철 영어 테이프를 보고 생각했다.

'이건 엄마가 나한테 사준 것도 되잖아?

어차피 자긴 쓰지도 않을 거면서….'

그렇게 생각한다 해도 오빠 것에 손대는 것은 쉬운 일이 아니었으며, 가져온다 해도 오빠한테는 들키지 말아야 했다.

그것만 있으면 선생님이 하시는 말을 알아듣고 창피도 모면할 수 있을 것 같았다. 난 심각하게 고민했다. 아니 진심으로 심각했다. 그리고 드디어 행동에 옮겼다.

학교를 7살에 입학해 세 살 터울이었지만 나는 중 1, 오빠는 중 3이었다. 중 3인 오빠는 중간에 저녁을 먹고 다시 학교로 가서 자습을 했고 난 중 1이라 보충수업이 없어 20분 거리를 걸어 집에 오면 4시 정도 되었다.

그때부터 나의 작전이 시작되었다. 종일 언니가 와서 놀아주기를 기다린 동생들의 반가움을 뒤로하고 무조건 오빠 방으로 직행했다. 그리곤 그 오빠의 보물인 카세트를 들고 나와 한적한 부모님 방으로 들어갔다.

방문을 닫고 카세트테이프를 장착하면 딸칵 소리와 함께 내가 고대하고 고대하던 네이티브 스피커가 교과서 본문을 유창하게 읽어주었다.

카세트 속 정철 아저씨는 교과서 단어 하나하나 문장 하나하나를 우리 학교 선생님보다 훨씬 더 또박또박 읽어주었다.

마치 신세계가 열린 듯 나는 두 귀와 눈을 쫑긋 세워 오빠가 오기 전까지 내일 수업할 분량을 정신없이 받아 적었다.

원어민의 소리를 따라 한글로 받아 적고 그 밑에 우리말 해설을 빼꼭히 받아 적고 나서야 오빠의 보물을 원래 그 자리에 정확히 가져다 놓았다.

그리고 나는 한숨을 돌려 문밖에서 공부가 끝내길 기다리던 나의 팬들과 정식으로 상봉했다. 종이 인형도 만들어주고 숙제도 도와주고 고무줄놀이도 했다.

하나는 업고 하나는 걸려 슈퍼마켓도 갔다. 엄마가 오빠 저녁을 준비할 동안 난 나의 열성 팬들과 신나게 놀았다.

모두가 잠든 밤중에도 나는 오빠 방에 몰래 들어가 교과서 영어 테이프와 카세트를 가져와 내 방에서 소리가 들리지 않게 이불 속에서 반복해서 들었다.

영어에 자신이 생기다.

그날 이후부터 난 학교 영어 선생님이 무슨 말을 했는지 조금씩 알 수 있었다. 학교 가는 발걸음도 당당하고 가벼웠다.

영어 수업이 있던 날이면 걱정 때문에 운동화 코만 보고 등교했었는데, 어느 날부터는 앞도 옆도 보이고 지나가던 친구들도 보이기 시작했다.

영어 선생님은 1일이면 끝 번호 1번 학생들 즉 1번, 11번, 21번, 31번, 41번, 51번에게 질문을 하셨다. 그리고 그들 짝꿍에게도 갑자기 질문과 발표를 시키셨다.

선생님이 언제 시킬지도 모르기 때문에 짝꿍들 역시 대기표를 받은 거나 다름없었다. 늘 긴장의 순간이었다.

그리고 창피를 당하지 않으려면 모든 가능성에 대비해야 했다. 선생님이 읽어주신 교과서 영어문장 아래에 한글로 발음을 빼곡히 적어놓았다.

영어 선생님은 자신의 발음은 잘못되어도 학생들의 발음이 시원치 않으면 야단을 치셨다. 그 때문에 나는 원어민 발음에 신경 쓸 수밖에 없었다.

다행히 영어 선생님의 일본식 발음을 열심히 받아 적었고, 집에 가서는 오빠의 보물 1호로부터 도움을 얻었다. 영어 선생님의 일본식 발음도 집에 가서 다시 원어민에게서 들으면 된단 생각에 걱정이 없었다.

영어 선생님이 뭐라고 했는지 원어민 발음으로 들을 수 있었고 그걸 다시 한글로 고쳐 썼고 열심히 암기했다.

처음엔 "book'과 'hook'의 차이를 구분하지 못하고 또 제대로 발음하지도 못했다. 'Good morning'은 그 아래 한글로 굿모닝이라고 적어놓았다. 그렇게 나의 중학교 첫 학기를 보냈다.

2학기가 되니 발음기호를 읽을 수 있게 되었고, 1학년 말에는 지역에서 개최하는 중학교 영어프로젝트 대회에서 영어로 자기 지역을 소개하는 것으로 금상을 받았다. 완벽히 암기만 하면 상을 주었다.

주머니에 넣고 걸으면서 암기했던 우리 지역 소개가 빼곡히 담긴 그 꼬깃꼬깃한 종이가 떠오른다.

2학년이 되니 뜻은 몰라도 처음 보는 영어문장도 소리 낼 수 있게 되었고 저절로 발음기호가 눈에 들어왔다. 그때부터 영어 수업시간이 더는 두렵지 않았다.

중3 여름방학 보충수업 날카롭게 보이는 29살 피부가 뽀얀 대전이 집인 영어 선생님이 들어오셨다. 2주 동안 그 선생님과 공부를 하게 되었다.

내가 속한 보충수업 반은 상위권 그룹이었던 것 같다. 처음 보는 시사와 관련된 영어 지문이 몇 장이나 되었고, 문제 자체가 차원이 달랐다.

시골 중학교에선 눈이 팽글팽글 돌만한 문제지였다. 고등학교에서나 볼 수 있는 지문처럼 어려웠다. 그래도 나는 새로운 영어 시험이 흥미로워 그 시간이 기다려지기도 했다.

물론 반 학생들은 그 영어선생님 시간이면 최대한 머리를 책상에 가까이 하고 귀만 쫑긋 세워 분위기를 잘 살피면서 위기를 만들지 않으려 안간힘을 썼다.

자신이 있더라도 일부러 고개를 들면 잘난 체하는 모습으로 비추어질까 봐 모두 조심하였다. 그런데 어느 날 문제를 풀다 나도 모르게 그만 고개를 들고 말았다. 선생님과 눈이 마주쳤다. 아차 싶었다.

"너 일어나 한번 읽어봐!"

생전 처음 보는 지문이 담긴 A3 프린트물을 들고 일어섰고, 그 선생님의 차갑고 날카로운 목소리에 놀랐지만, 무언가에 홀린 듯 술술 읽고 해석하는 나를 보았다.

  내가 맞나 싶을 정도로 멋지게 해낸 것이다. 그 선생님이 내 이름을 물으셨다.

  "지나, 너 정말 잘한다."

  '어? 내가 영어를 잘하는 학생이었어?'

  선생님의 그 한 마디에 구름을 탄 것처럼 마음이 울렁거렸다. 꿈처럼 선생님의 말씀은 지금도 생생하다.

  그 선생님 지금도 그 예쁘고 도도한 모습으로 잘 지내고 계시겠지? 그 선생님 덕분에 나는 영어가 더 좋아졌다. 영어가 두렵지 않았다.

  누구에게나 무언가를 좋아하거나 잘하게 되는 그런 계기가 오는가 보다.

무엇이든 잘하고 싶었다.

입학 후 음악 선생님으로부터 발탁되는 바람에 나는 중학교 3학년까지 내내 교내 합창부 활동을 했다. 하는 동안 도내 경연에서 금상도 2년 연속 수상했다.

대회에 참가해야 하니 합창복도 맞춰야 했지만, 집안 사정을 생각하면 엄마께 미안한 마음이었다. 누가 말하지 않아도 알아서 부모님 처지에서 생각하는 큰딸의 비애라고 할까.

친구들이 흔히 다닌 유치원도 피아노학원이나 주산학원도 그리고 교과목 학원도 다녀보지 못했다. 나도 학원 좀 보내 달라고 떼라도 써볼 걸 그랬나 보다.

초등학교 3학년 때부터 교내 합창부였고, 대전 KBS에서 친구와 둘이 부르는 중창을 녹음해갈 정도의 실력은 되었었다.

그런데 이런저런 신경 쓰실 일이 겹쳐선지 부모님이 음악 선생님께 그만두게 해 달라 부탁하셨고, 6학년이 되고는 합창부 활동을 그만하게 되었다.

안타까워하시던 음악 선생님 얼굴이 지금도 기억난다. 대신 6학년 땐 전교 어린이 부회장을 맡아 내 나름의 교내외 활동을 왕성하게 했었다.

엄마가 학교에 한 번도 찾아 인사하지 않아도 인복이 많아 초등학교 내내 학급 임원은 놓친 적이 없었다. 생각해보니 나는 어릴 적부터 인복, 일복이 있다. 타고난 복인가 보다.

나는 중학교에 가서도 합창반 활동을 했다. 중학교 시절 가장 재미있는 일이었다. 그래서 초등학교 때처럼 중간에 그만두지 않기로 했다. 그리고 다른 친구들이 어려워한 국어와 영어는 내게 무기가 되었고, 그 덕에 고등학교 때 내내 내 모의고사점수가 상위권 석차를 지탱해주는 역할을 했다. 다른 과목도 웬만큼은 점수가 나왔다.

중3, 2학기에 진로를 정하는데 밥상머리에서 눈물을 뚝 떨어드린 적이 있었다. 아빠께서 갑자기 상업고등학교에 지원하라 하셨기 때문이다.

"여상을 가서 취직하고 좋은 남자 만나 결혼하면 된다."

아빠의 이 말에 난 한 마디도 안고, 먹던 수저를 딱 내려놓고 그 자리에서 일어났다. 그 뒤 엄마와 아빠가 무슨 말씀을 하셨는지 대략 예상이 되었다.

내 행동은 엄마가 알아서 아빠를 설득하시라는 뜻이었다. 같이 A반에서 공부하고 합창부였던 친한 친구들처럼 도시인 대전으로 나오고 싶었는데 그 말은 꺼내 보지도 못했다.

여상을 가라는 아빠에게 대전에 집을 얻어달라는 말까지 할 용기는 없었다. 그리고 난 우리 집이 찢어지게 가난한 줄 알았다. 가난한 중에 우리를 키우시느라 고생하신다고 늘 그렇게 생각했었다. 어느 정도 먹고 살만큼의 재산이 있었다고 보기엔 엄마는 늘 허름한 옷과 너덜너덜한 신발을 애용하고 계셨으니 말이다.

엄마는 아빠 말은 신경 쓰지 말고 대신 여기서 제일 좋은 고등학교에 시험을 보라 하셨다. 어쩔 수 없이 나는 대전에서 공부할 마음은 깨끗이 접고 조용히 집 가까운 논산에 있는 사립 여고에 지원했다.

그때 내가 대전으로 나와 공부했다면 어땠을까? 대전 연합고사에 합격했을 테고 고등학교 3년 그리고 대학진학까지 조금은 영리한 아이로 성장했을지도 모르겠다.

나는 대전 연합고사에 합격할 자신이 있었는데, 오빠는 곧고3인데도 공부보다는 야구에 빠져 지냈다. 그 모습을 못마땅해 하시던 아빠와 한창 사춘기였던 오빠의 불편한 동거를 나는 지켜봐야 했다. 오빠의 대학진학 문제로 하루하루가 살얼음판이었고, 아빠는 늘 마음에 들지 않는 눈빛으로 오빠를 바라보곤 하셨다. 그런 가운데서도 나는 묵묵히 학업에 전념했다.

고등학교에 가서도 공부 좀 하는 아이들은 이미 고1 과정은 다 떼고 왔을 터이니, 학원 문턱도 못가 본 나는 또다시 저만치 멀어진 친구들을 따라잡아야 했다.
집안에서의 불편한 동거는 신경을 쓰지 않고 (하루 이틀의 일이 아니기에) 열심히 EBS 교육 방송을 들었다. 난청 지역이라 그런지 화면이 잘 보이지 않아 TV안테나를 이리저리 돌리곤 했지만, 그래도 강사님 목소리가 들리기만 하면 그만이었다.

텔레비전 앞에 소반을 놓고 서한샘 선생님의 장단에 맞춰 고개를 끄덕이며 내가 자신 있는 국어공부를 더 재밌게 했다.
한편으론, 안테나를 돌리면서 교육 방송이 잘 나오게 유선방송만 가입해주면 좋겠다는 생각도 하긴 했지만, 그러면서 나는 내 방식대로 학교공부를 쫓아갔다.

열심히 도전했지만….
받아들이다.

대학에 진학하면서 나는 내가 여성이라는 것을 느꼈다. 여중에 여고, 그리고 전문대학 유아교육과를 다녔던 나는 여자 남자가 어떻게 다른지 모르는 상태여서 생각 없이 남자들이 우글대는 공대에 편입을 했다.

그곳에서 '여자라는 건 참 여러모로 불편한 존재구나'라는 생각을 한동안 했었다. 3, 4학년을 통틀어 유일한 여학생인 나는 그저 학생이고 싶었지만 문득문득 어렴풋이 불편한 시선을 느껴야 하는 일들이 있었다.

물론 그것은 호기심 또는 관심이었던 것 같았고, 곧 그런 시선도 익숙해지고 자연스러워졌다. 학업은 대학 도서관에서 밤 늦도록 스터디 그룹과 함께 자격증 공부도 하고 학과공부도 하면서 보냈다.

그래서 그런지 특별히 처지진 않았지만, 또 그렇다고 특별한 성취를 거둔 것도 없었다. 대학 전공이 나와 맞지 않아서인지 특별한 목표가 없어서 그런지 아무튼 그랬다. 그래도 나쁘지 않았다. 나는 내가 한 선택에 대한 만족과 자신감에 미래에 대한 막연한 불확실함도 거부하면서 즐거운 대학 생활을 보내었다.

단번에 4년제 대학에 합격했으면 좋았을 것을 호기롭게 경쟁률 높은 학과를 지원했고, 보기 좋게 떨어졌다. 나보다 점수가 한참 아래였던 친구들도 4년제에 합격을 했는데 영리하지 못한 선택이었다.

담임 선생님으로부터 단 한 번의 입시상담도 못 받았지만 나름 내 성적이면 충분할 거로 생각하고 오히려 한 단계 낮춰 지원한 대학인데도 말이다. 누군가의 도움이 필요했었나 싶다.

대학 입시를 너무 만만히 보았다. 그 결과는 역시나 나를 참으로 힘들게 했다. 오빠라도 대학에 단번에 합격했다면, 다시 도전해 볼 의지라도 가졌을 테지만 집안 분위기는 말이 아니었다.

미안함에, 제발 너라도 우선 해결하면 좋겠다는 엄마의 눈빛에, 2년 장학금을 받고 전문대 유아교육과를 들어갔다.

하지만 나는 전문대학을 졸업하고 나는 더 발전하고 싶었고 그래서 4년제 대학으로 다시 도전을 했다. 지금이야 편입이 일반적으로 잘 알려져 있지만, 그때는 쉽지 않은 결정이었다.

내내 A 학점으로 지도교수님의 논문에도 참여해 졸업 후 좋은 유치원 취업이 보장되어있었지만, 취업 대신 4년제 대학 편입 시험을 준비했다.

그 당시만 해도 대학마다 모집인원이 거의 없었고 합격률이 매우 낮았기 때문에 고3 때 보다 더 열심히 공부했던 것 같다. 어린 마음이었지만 원하는 학교에 합격만 하면 지금보다 더 멋진 사람이 될 것이라 기대했다.

그러나 학교 진학에 대한 조언이나 정보를 얻을 만한 사람은 마땅히 없었다. 그래서 일단 부모님께서 주시는 용돈을 아껴 몇 달간 영어 학원을 수강했다. 당시 학창시절을 지냈다면 모두 알만한 성문종합영어 문법책, 나는 책장 옆면이 닳고 해지도록 보고 또 보고 통째로 외워 버렸다.

하지만 편입은 쉽지 않았다. 그 해엔 내가 원하는 전공의 모집공고가 도통 나질 않았다. 도서관에 가면 가방을 자리에 두고 맨 먼저 신문 코너로 갔다.

편입 공고가 올라왔는지 보기 위해….

그러던 중에 서울에 있는 모 여대 아동학과 모집공고를 보았다. 단 한 명을 뽑는다는 공고였다. 단 한 명 뽑는데 전국에서

200여 명이나 지원한 편입 고사장엔 그날 온종일을 시험과 면접을 보기 위해 대기하는 수험생들로 가득했다.

내 순서를 기다리는 시간으로 하루를 보낼 정도였다. 영어 시험 논술 면접까지 5시가 넘어서야 모든 일정을 마칠 수 있었다. 결과는 너무 뻔했다. 경쟁률이 너무 높았다. 아쉬움을 삼켜야 했다.

그 뒤로는 그 학교 말고 같은 전공으로 편입 공고를 낸 서울에 있는 학교를 찾지 못했다. 이렇게 무작정 기다리다가는 아무 대학도 들어갈 수 없겠구나 싶었다.

그래서 나는 당시 전문대 선배들이 주로 가는 대전 시내에 있는 작은 공과대학으로 생각을 바꾸었다. 그리고 해 놓은 공부 덕에 어렵지 않게 합격했다.

전문대학에서 전공이 유아 교육이었기 때문에 내가 공과대학 전기공학과를 지원하는 것에 사람들은 의아해했지만, 그때 내겐 합격이란 결과가 필요했던 것 같았다.

대학생활의 낭만도 있었다.

그 학교엔 같은 전문대학에 다닐 때 알게 된 동아리 선배들이 있었기 때문에 그들을 통해 많은 사람과 관계가 만들어졌고 적응도 수월했다. 게다가 철이 들어 앞가림할 줄 아는 친구들도 만나게 되어 참 다행이었다.

우린 학교 도서관에서 각자 맡아 둔 자리에서 자격증이나 취업공부를 하다가, 밤 열두 시가 되어 철렁철렁하는 경비 아저씨의 자물쇠 소리를 들으며 일어났다.

길지 않은 편입 준비 시절 나는 선배의 권유로 편입하기 전부터 이 학교 도서관을 이용했다. 학생증이 없어서 숨어 들어간 적도 있고 선배 따라 들어간 적도 있었다.

다른 곳처럼 돈을 지급하지 않아도 되었고 이처럼 공부 분위기 물씬 나는 장소를 구하기가 어려웠기에 그곳은 내게 더없이 좋은 환경이었다. 그때 반드시 합격해 당당히 학교 도서관을 이용할 거라는 마음으로 공부를 했던 것 같다.

원하던 학교도 학과도 아니었지만, 이제 합격을 했으니 학생증을 가지고 도서관에 당당히 입장할 수 있게 된 것이다. 영화 〈엽기적인그녀〉에서 전지현과 차태현이 클럽에 당당히 신분증을 보이며 입장하던 모습처럼….

남들은 어찌 생각할지 모르지만 내겐 더없이 소중한 대학 생활이었다. 열심히 공부했고, 내 노력으로 이룬 결과였기에 그 어떤 순간보다 자랑스럽고 행복했던 것 같다.

누구의 도움도 없이 내가 결정한 길을 한 걸음 나아갔다고 생각했다. 대학 2년 동안 친구들도 많이 사귀고 내 생각의 폭도 더 넓어졌다.

공대에선 딱 두 번 장학금을 받았다. 그리고는 졸업 즈음에는 한 번도 받지 못했다. 실험, 실습, 반도체 이런 과목들은 내겐 너무나 낯선 이야기였다.

고등학교 문과 출신에 유아 교육 전공에 나는 인문 사회계열 쪽이 맞았고, 원래 공부하고 싶었던 것도 교육심리나 아동심리였다.

공대에서 전기, 반도체라니 4학년 때 되어서는 학점은 그저 3.0이상이면 더 바랄 수도 없었다. 4학년 전공 책 첫 페이지를 펼치는 순간부터 예상했다. 하지만 이때 공부했던 반도체나 물리 공학 수학 등은 내가 금융에 관심이 생긴 무렵 주식을 이해하고 경제를 이해하는 데에 도움이 되었다.

지금 도움이 안 될 거라 생각되는 경험과 지식도 언젠가는 도움이 된다는 말이 맞는 것도 같다.

세상을 살아가는데 있어 어쩌면 하나만 고집하기 보다는 이것저것 다양하게 접하면서 유연하게 살아가는 방식도 괜찮다는 생각이 든다.

새내기 거친 세상에 나서다.

    그렇게 4학년을 마치고 취업을 했다. 졸업 전 지도교수님께서 군 장교를 권하신 적이 있다. 내가 할 수 있을 것 같지 않아 귀담아듣지 않았다.

    하지만 그때는 몰랐지만 그쪽으로 갔어도 잘 해냈을 것이란 생각이 든다. 누군가에게 어떤 제안을 하거나 기회를 준다는 것은 쉬운 일이 아니다. 제안을 받은 것만으로도 감사한 일이다.

    그러므로 누군가로부터 어떤 종류의 제안을 받았다면 깊이 생각해 볼 필요가 있다. 어쩌면 내가 보지 못한 나의 다른 능력을 제안하시는 분들은 보았을 수 있기 때문이다.

    이제는 나이가 들면서 지금은 그런 제안을 해 줄 대상도 제안을 받을 기회를 얻기도 쉽지 않다. 지금은 다른 이에게 기회를 주고 제안을 해야 하는 입장이 되었다.

    어찌 되었든 대학을 졸업하고 지도교수님의 추천으로 서울로 취업하게 되었다. 대학을 대전에서 다닌 촌뜨기가 직장은 서울 강남 압구정역에 있는 업계 5위 수준의 큰 회사에 입사했다.

대학 때와는 달리 그곳엔 여자들이 꽤 있었다. 대학 시절 남자들 틈에 살던 나로서는 의지할 동성이 있다는 게 좋았다. 같은 지역에서 올라왔다는 나보다 2살 많던 선배와 신사동 사택에서 살게 되었다. 그곳은 신사동 다닥다닥 붙어있는 주택가 연립 반지하 투룸이었다.

서울 사택은 좁고 불편했지만 그래도 생각해보면 지방에서 올라온 직원에 대한 회사의 배려였다. 20여만 원을 내면 그뿐이었다. 7시 50분 출근카드를 찍고 5시 30분 칼퇴근. 점심 후 잠시 낮잠을 자도 괜찮았고, 동료들과 어울려 볼링을 쳐도 운동 쿠폰을 지원했다. 간식으로 단골 빵집에서 매일 빵이 배달되었고 업무 중간 체조 시간도 있었다. 그땐 몰랐다. 업무환경이 얼마나 중요한지, 복지가 무엇인지도 몰랐다.

입사한 지 3개월 만에 가슴 떨린 사건이 하나 있었다. 밤에 샤워하고 나왔는데 누군가 현관문을 열려고 하는 것이었다. 현관문에 있던 작은 구멍으로 밖을 내다보니 낯선 남자가 집을 열려고 애쓰고 있는 것이었다.

나는 필사적으로 문고리를 잡고 안쪽에서 잠그고, 밖에서 돌리면 다시 잠그고 하다가 문고리를 붙잡고 기절했었다. 누군가가 나를 흔들어 깨웠고, 같이 오신 회사 실장님이 나를 자기 집으로 데리고 가서 사모님과 그날 밤을 지내게 했다.

지금 생각해도 그때 그 문 열려고 했던 남자가 누구였는지? 그는 왜 그랬는지? 도저히 모르겠다. 그리고 그 사건은 해결도 없이 그렇게 지나갔다.

오랫동안 공포에 떨었던 어느 여름날 밤의 기억이다.

이 일로 부모님께서 논현동에 원룸을 얻어 주셨다. 그 당시도 지금처럼 대학을 졸업하고 바로 취업을 하는 일이 쉽진 않았다.

내가 맡은 업무도 괜찮았고, 회사 역시 업계에서 잘나가는 회사였기에 그만둘 이유가 없었다. 팀원들과 함께하던 프로젝트 대부분은 이름만 들으면 알 수 있는 수도권 대학병원과 플랜트 등 굵직한 업무였다.

이런 일에 참여한다는 것에 뿌듯했다. 새내기인 나는 시키는 일만 했지만 함께 일하는 동료들의 업무를 보며 나의 미래를 그려 볼 수 있었다.

물론 사람 관계는 다른 이야기인 것 같다. 첫 직장엔 두 분의 부장이 있었다. 다른 팀 부장은 차분하시고 단아하신 데 비해 내가 속한 팀의 부장은 왠지 불편한 느낌이었다.

하루는 업무상 문제가 생겼는데, 부장이 내 실수로 일어난 사고라고 대표에게 거짓으로 보고했다. 완전 책임 회피였다.

그 문제는 나하고 관련도 없었으며 난 그 일을 하지도 않았다. 너무나 억울해서 미칠 것 같았고, 어처구니가 없었다.

지금 생각하면 부족한 능력으로 가정을 책임지기 위해서 회사에서 인정받고 살기 위해 얼마나 구차하게 살아갔을까 생각하면 안쓰럽기도 하다.

그러면서 한 가지 배웠다. 지금이나 그때나 부당함이나 거짓을 끔찍하게 싫어하지만, 적당히 타협하는 것을 배웠다. '남 탓하지 말고 넌 절대 그러지 말자, 내 일만 잘하면 된다고…'

서울 생활을 정리하고
다시 대전으로

그러저러한 부딪힘 때문인지 서울살이가 싫어져 직장을 옮겼다. 마침 스카우트 제안이 왔고, 대전 회사에서도 전 회사에서 했던 설계업무를 계속했다.

새로 옮긴 회사 또한 지방치곤 규모가 커서 8층 사옥의 건물이 대전 터미널 근처에 있었다.

하지만 대전 회사의 일하는 분위기는 서울회사와 완전히 달랐다. 하루도 야근하지 않는 날이 없었고 퇴근 시간은 기본이 저녁 9시 30분이었다.

사무실에는 자욱한 담배 속에 남자 동료들과 그 부장과 함께 밤샘 야근을 밥 먹듯이 해야 했다. 야근은 그나마 견딜 수 있었지만, 자욱한 담배 연기 속에서의 근무는 참기 힘들었다.

대전 회사 설비팀에는 매일 같이 야근하는 여자부장이 있었다. 나는 그녀를 야근 부장이라고 불렀다. 엄마이자 부장인 그녀의 연봉을 짐작해보면 3500~4000만 원은 되지 않았을까 싶다.

당시 내 연봉은 2,200만 원이었다. 그래도 월화수목금금금인 설계일은 그 연봉에 비해서는 상상도 못 할 만큼 힘든 일이었다.

서울회사는 오전 7:50 출근 오후 5:30 퇴근, 야근할 경우라도 7:30에 회사 출입구가 잠기는 구조인 데 비해, 대전은 종합설계회사고 영세한 타 설계 사무소에 비해 큰 규모의 주식회사였음에도 매일매일 일정한 퇴근 시간이란 게 없었다.

시간이 지나며 주변을 살펴보니 낮에는 나름 개인적으로 활용하고, 오후 늦은 시간에 복귀해서 저녁을 먹고 야근을 하는 일이 빈번했다. 그러니 낮에 일을 마치고 퇴근하려 해도 나만 일찍 퇴근할 수 없었고, 그래서 할 일을 찾다 보면 업무가 과중하게 될 수밖에 없었다.

또 팀으로 하는 프로젝트의 경우 내가 자리를 비우면 장애가 될 수도 있기에, 칼퇴근은 꿈도 꾸지 못했다. 보통 9시 30이면 야근을 마치고 귀가하지만 때때로 마감이 닥치는 경우 몇 날 며칠을 새벽 3시에 퇴근하고, 다음 날 아침 9시 출근을 했다. 그땐 차도 없어서 같은 팀 대리가 데려다주곤 했다.

사무실 내에서 담배를 피우는 일로 여러 번 부탁도 하고 제안도 했지만, 그 대리는 들은 체도 하지 않았다. 그리고 야근 부장인 그녀도 동의는커녕 대꾸도 하지 않고 그저 자기 일만 했다.

그녀도 흡연했던 걸까? 아니면 일을 만들고 싶지 않았을까? 난 왜 7층 사장실에 제안할 생각은 해보지도 않았을까?

내가 회사에 다니는 동안 여부장이 웃는 모습을 한 번도 본 적이 없고 여유롭게 차 한잔하는 모습도 보지 못했다. 항상 손엔 설계도면과 서류가 들려있었고 늘 바삐 걸었다. 그녀의 눈엔 오로지 일만 보였고 목표는 성과였던 걸까? 아니면 그럴 여유가 없을 만큼 생계가 걸렸던 걸까?

그녀를 통해 내 모습을 보면 일에 대한 비전이나 즐거움은 찾을 수 없었다. 하루하루 일하는 기계로 살았다.

그리고 무력한 나를 보면서 사람이 자신을 지켜내기 위해 자신에게 불리한 환경을 박차고 뛰쳐나가기가 의외로 쉽지 않다는 것도 알게 되었다.

젊은 날에 찾아온
이상 신호

그렇게 회사생활을 하던 중 몸에 이상 신호가 왔다. 언제부턴가 왼쪽 다리가 당기고 통증이 심해 한 걸음을 디디기가 힘들어졌다. 과로가 누적되어 그런가 싶어 개인병원에 다니며 치료를 받아 봐도 도무지 낫질 않았다.

병원을 좀 알아보고 엄마와 함께 대학병원 재활의학과를 찾아갔고, 만성 근육통 정도로만 생각했던 나는 류마티스 관절염 진단을 받았다.

주치의는 내게 차근차근 설명했다. 이 병이 일반 관절염과는 다르다는 것을…. 돌아와 병명에 대해 검색했다. 내 나이 20대에 관절염이라니? 이해가 되지 않았다. 받아들이기 쉽진 않았지만 빠르게 현실을 인정하고 받아들이기로 했다. 그래서 어떻게 하면 나을 수 있는지 열심히 알아보았다.

류마티스 관절염은 백혈구가 자기 몸을 병원체로 알고 공격을 해서 뼈의 면역력을 약화시켜 일상생활이 어려워질 뿐 아니라 심한 경우 더 좋지 않은 상황으로 전개될 수 있는 병이었다.

나는 '일단 쉬자 일단 쉬면서 아무 생각하지 말자.'

'오로지 치료에만 신경 써 보자' 결심했다.

난치병이지만 다행히 초기이니 일단 집중치료를 해보자는 주치의의 권유로 부모님과 의논하여 퇴사를 결정했다. 내가 맡은 일은 후임에게 인계인수하고 부모님이 계신 논산 시골집으로 짐을 싸서 내려갔다.

8년 만에 내려간 집은 따뜻하고 편안했다. 부모님 또한 내게 어떤 부담도 주지 않으시고 낫는 일에만 집중하도록 마음 써 주셨다. 주치의도 나를 치료하기 위해 최선을 다해 주었다.

치료 기간 동안 십여 일씩 몇 번의 입원과 퇴원을 반복하고 입원할 때마다 집중치료 프로그램이 진행되었다. 약의 패턴이 있었고, 나는 간호사와 의사의 말을 잘 들었다.

약을 먹으면 잠이 왔고, 몸이 붓기도 했다. 간호사는 매일 내 팔에서 피를 참 많이도 뽑아갔다. 피검사를 통해 약을 조절하기 위함이었다. 입원 기간에 먹은 알약은 수백 알이었다. 그러고 보면 2년 동안 먹은 약의 총량은 어마어마했을 것 같다. 매일 하루 세 번 다른 약 처방과 주마다 다른 복용 프로그램을 다 실천했다.

나는 운이 좋았다. 치료는 2년 동안 계속되었고 만 2년이 지나자 드디어 치료종결 판정을 받았다. 약도 나와 잘 맞아 뼈의 변형도 없었고, 다른 부작용도 없이 건강하게 일상으로 복귀할 수 있었다.

필요한 시기에 좋은 약을 처방받는 것이 인생에서 얼마나 중요한 일인지 안다. 인생에서도 어려움에 봉착했을 때 적절한 처방이 얼마나 중요한 것인지도 알게 되었다.

아팠던 나의 이야기가 나와 같은 난치병으로 고통을 받는 누군가가 있다면 그에게 희망이 되었으면 좋겠다. 사실 하늘이 무너지는 것 같았다. 내게 하늘이 있었나 싶었다.

스물여섯 여름 그때 엄마의 응원이 없었다면 아마 지금처럼 평범한 삶을 살아갈 수 없었을지도 모른다. 심한 좌절과 고통으로 세상이 너무 아득했다. 나쁜 생각까지 할까 걱정하신 부모님은 나를 보듬고 또 보듬으셨던 것 같다.

그만큼 아팠고 속상했다. 결코, 혼자 그 고통을 이겨내지 못했을 것이다. 병원 약은 한 달 치씩 받아왔고 한번 먹을 때마다 약의 종류나 복용 스케줄이 요일마다 달라 정신을 똑바로 차리고 챙겨 먹었어야 했다. 내 방 바구니엔 늘 약봉지가 수북했다.

한쪽 다리에서 시작된 고통은 시간이 지날수록 여러 곳으로 증세가 번지곤 했다. 손가락이 휘어질 듯한 통증에 지쳐 잠이 들었고, 아침에 눈을 뜨는 일조차 힘들었다. 아니 가끔은 눈을 뜨고 싶지 않았다.

현실이 싫었던 얼마 동안은. 확실히 완치될 거란 보장도 없었지만, 열심히 주치의 말을 잘 들었다. 변형을 예방하기 위해 열 손가락에 마디마디 보이는 근육마다 잠자기 전 관절 파스를 잘라 손가락에 마디마디에 돌려 감고 잠을 청했다.

아침 일곱 시. 다섯 살 아래 동생은 대전에서 대학을 다녔고 열 살 아래 동생은 고등학생이었다. 막내가 등교하고 나면 엄마가 내 방에 오셔서 통증에 뒤척이다 지쳐 잠든 내 손가락에 붙은 파스 조각을 떼어주시고 파스가 붙어있던 자국을 지워주시며 마디마디를 만져 주셨다.

병으로 인해
모녀 관계가 깊어지다.

통증은 2년을 꼬박 나와 함께했다. 하루만이라도 아무 통증이 없이 살아보기가 소원이었다. 그렇게 통증도 나의 일부분으로 여기며 하루하루를 버텨냈다.

덕분에 맏딸이어서 양보해야만 했던, 하고 싶어도 못 해본 엄마와의 시간을 충분히 누릴 시간이 생겼다. 누구에게나 총량이 있다는 말처럼 내게도 그런 시간이 주어졌던 것 같다.

우리 사회에서 맏딸은 성직자다. 늘 엄마 처지에서 생각하고, 집안의 평화를 위해 어떤 것이든 양보해야 한다는 생각이 나도 모르게 몸에 배어 있던 것 같다. 엄마 마음은 얼마나 아프셨을까. 그땐 내 아픔의 무게 때문에 엄마의 그런 마음은 생각하지도 못했다.

집에 내려와 누워있는 나를 끌고 엄마는 운전면허 시험장에

등록시켰고 면허를 딴 즉시 신형 아반떼를 뽑아주셨다. 엄마와 병원 가는 날을 즐기게 해 주셨다. 병원 일정이 없는 날은 어디든 차를 타고 함께 바람을 쐬고 엄마와 단둘이 사 먹는 점심은 꿀맛이었다.

그땐 내비게이션이 없어서 큰 지도를 펼쳐놓고 26번 국도, 23번 국도, 고속도로 진입 등등 길을 찾아가는 재미로 아픈 것도 잊었다. 우리 둘이 떠나는 날은 엄마의 갱년기도, 나의 통증도 잊었다. 우리는 매일매일 지도에 점을 찍었다.

입원치료기간엔 꼼짝없어 병원에 갇혀 온갖 검사를 하고 물리치료를 두 번씩 세 번씩 받고 한 주먹씩이나 되는 약에 취해 매일 비몽사몽이었다. 그래도 치료 막바지엔 약도 줄어 온전한 정신으로 병원 침대에 앉아 퇴원하면 어디를 갈까 지도를 펼치곤 했다.

언제 끝날지 모르는 그 고통과의 전쟁은 끝났다. 나는 완치 판정을 받았고 일상으로 돌아갈 수 있게 되었다. 고통의 한 가운데에선 오히려 초연해지는 것 같다. 아니 그래야 하는 것 같다. 고통도 나의 일부라 받아들이고 그 안에서 충실할 때 비로소 세상으로 다시 살아 돌아올 수 있었다.

발전이라는 목표로 전문대에서 4년제 대학으로 대전에서 서울로, 그리고 열심히 직장 생활을 했다. 그러나 4년의 짧은 직장 생활에서 몸에 맞지 않는 과로와 스트레스로 인해 병을 얻었다. 운이 좋아 이겨냈을 땐 이전의 업무 일정을 다시 소화할 자신이 없었고 그렇게 순수한 새내기도 아니었다.

어쨌든 다시 돌아가고 싶지 않았다. 나는 내 몸에 맞는 일을 찾기로 했다. 병원치료를 받아 일을 쉬는 사이 컴퓨터 관련 자격증을 몇 개 따놓은 덕에 유명 컴퓨터 학원의 전임 강사로 취업을 했고, 일하면서 그래픽 공인 강사 자격도 취득해 전국시험에 공인시험관으로 출장도 다니며 학생들도 지도했다.

소소하게 작은 일을 받아 프리랜서로 일했다. 병이 재발하지 않도록 컨디션을 조절해가며 할 수 있는 적당한 일이어서 크지 않은 보수에도 불구하고 일상을 다시 살아간다는 것만으로도 만족했다.

그렇게 맺은 그래픽디자인과의 인연으로 작은 대학에서 관련학과 산학협력 겸임교수로도 채용되었다.

결혼, 그리고
꿈같은 연애

아침 7시면 어김없이 걸려오는 그의 전화벨 소리.

"오 ~ 놀라워라. 그대 향한 내 마음,

오 새로워라. 처음 보는 내 모습.

매일 이렇다면 모진 이 세상도 참 살아갈 만할 거예요~"

    윤종신의 〈환생〉을 소리 높여 부르는 그의 목소리에 작업하느라 새벽에서야 잠든, 아직은 잠이 덜 깬 손으로 전화기를 귀에 대고 다시 잠들다 깨기를 반복했다. 노래가 다 끝나면 아침인사를 나누고 그는 회사 앞이라며 전화를 끊고 나는 다시 잠에 빠져들었다.

    서울에서 직장을 다니는 그는 직장이 일찍 마치는 날이면 어김없이 대전행 KTX에 몸을 실었고 내가 학원을 마치는 시간에 마중을 나와 데이트를 했다. 한 시간 남짓 집 근처 카페에서 늦은 저녁을 먹고 그는 다시 역으로 달려 서울행 기차를 놓치지 않도록 달렸다.

스물아홉에 만나 바로 그해 결혼을 한 이유도 너무 멀어 지쳐 보이는 그를 보다 못한 양가 부모님의 합의에 따라서였다. 우리 둘 역시도 같은 생각이었다. 연애는 결혼해서 실컷 하는 게 좋겠다고 생각했다.

대기업에 근무한 데다 유학파인 남편은 내가 알고 있는 대구 출신 남자치곤 꽤 깨어있어 보였다. (덜 보수적이었다고나 할까. 그냥 내 개인적인 생각이다) 그는 적극적이고 유쾌했고 얼리어답터였다.

무엇보다 나를 많이 좋아했다. 엄마가 그가 떠난 후 하신 첫 말씀처럼….

"아이 하나만 보고 살아라. 그래도 너 많이 사랑했잖아"

내게 딴 마음 먹지말고 아이만 보고 곧게 살아가란 그 말씀이셨다. 맞다. 힘든 시기 동고동락했기에 함께 한 시간이 길지 않았지만, 의리를 지키며 살아낼 수 있었지 않았을까?

우리의 연애는 진짜로 결혼 후 시작되었다. 여행은 좋았지만, 용기가 없었는데 취미가 여행인 남자를 만나 전국 곳곳을 누볐다.

동해 일출을 보고 싶으면 둘이 밤새 번갈아 운전하며 언제든 보았고, 서울 곳곳을 데이트 장소로 만들었다. 장거리 연애로 해보고 싶어도 할 수 없던 일은 결혼을 하고 나니 전부 가능했다.

결혼 4개월 만에 우리에게 와준 아가의 다운증후군 염색체 이상 결과를 받고 우린 얼마나 밤새 마음을 졸였었는지…. 양수검사를 한 날 이상이 없다는 전화를 받았을 때 기뻐 끌어안고 같이 울던 모습이 생생하다.

두 돌 막 지난 아이를 독일에서 직접 구매한 캐리어에 싣고 지리산자락을 함께 오르다 내려오는 시간이 늦어져 뱀사골 대피소에서 낯선 잠을 자던 일, 28개월 우리 아가는 그해 여름 최연소 뱀사골 숙박객이 되었다.

유아용 비브람 등산화를 신고 성삼재까지 등산스틱 하나를 들고 단숨에 오른 아이는 그날 스타가 되었고, 신통방통하다며 같이 온 할머니 할아버지들에게서 받은 간식으로 우리 배낭은 넘쳐났다.

그날 테디를 안고 내 품에 곤히 잠들던 아이의 모습은 천사 그 자체였다.

산학협력겸임 교수 채용은 학교 측 준비 기간이 늦어지고, 그사이 출산과 육아로 교수의 꿈은 접어야 했다. 서울로 올라간 지 얼마 되지 않아 이 메일로 강의업무를 다시 의뢰받았으나 난 내려갈 수 없는 상황이었다.

아이는 갓 백일이 지났고 내 욕심에 주변 사람들을 불편을 주기 싫었다. 그래서 나는 모든 걸 잠시 접어두고 엄마와 아내로서의 일상을 시작하였다.

아이가 세 살 될 무렵부터 남편은 부쩍 직장 생활을 힘들어했다. 하지만 내가 아기를 두고 일자리를 구하기도 어려운 상황이었다.

지금처럼 아이를 맡아 줄 어린이집이 흔치 않았고 국가 지원도 없었던 시절이어서 불안했지만 과중한 회사 업무로 힘들어하는 남편을 바라보며 주부로서 지내야 했다.

경제적이나 심리적으로 펀치 않은 생활을 이어 가는 중 전세로 살던 성내동 아파트 주인은 재계약에 전세금을 올려주지 않으면 집을 빼라고 요구했다.

그 말에 나는 흔들렸다. 몇 날 며칠을 고민하고 고민한 끝에 나는 남편에게 말했다.

이렇게 남의 돈만 올려주다 보면 서울에서 내 집 하나 갖기 힘들 것 같다고….

그래서 근근이 저축한 돈과 전세금을 빼고 대출을 받아 서울 근교에 작은 집을 마련했고, 그곳에서 아이가 5살 될 때까지 살았다.

서울에 마련한 우리 명의의 집에 살았던 그 짧은 시간이 가장 편안하고 행복했던 결혼생활이었다.

생계를 위한 고민,
평생의 업을 찾다.

　지금도 신혼부부가 자립하는 데 있어 양가 부모의 도움이 있으면 한결 수월할 것이다. 그리고 이는 20년 전도 마찬가지였다. 시작부터 서울 투룸 빌라 전세금의 절반을 은행 빚과 친정 부모님께 빌려 시작했고, 더구나 외벌이인 상황에서 우리의 생활은 곤궁할 수밖에 없었다.

　서로에 대한 성실함이나 믿음만으론 너무도 부족한 경제적 고충은 아이가 커갈수록 더해지기만 했다. 부서가 통째로 정리되어 권고 퇴직의 압박을 받은 채 이러지도 저러지도 못하고 있는 남편만 바라보고 있기엔 막막함만 더해질 뿐이었다.
　이대로는 서로의 관계에도 문제가 생길 것 같았다. 우린 의논 끝에 주말부부로 살아보기로 했다.
　나는 대전으로 내려가 아이를 유치원에 보내면서 할 수 있는 일을 찾기로 했고, 남편은 서울에 남아 새로운 회사를 들어갔고 회사에서 멀지 않은 원룸에서 생활했다.

대전 집은 KTX역 바로 근처고 직장이 서울역에서도 멀지 않아 출퇴근도 가능하리라 생각했다. 반 이상이 융자였지만 사는 동안 꿈같던 우리 집은 전세를 놓고 그렇게 살아보기로 했다.

그래서 우리 아이가 크면 다시 서울에서 생활할 가능성을 열어두기로 했다.

아이가 5살 되던 해 3월 계획한 대로 대전으로 내려와 아이를 유치원에 보내고 나는 지난해부터 준비해오던 유치원 임용시험 공부를 해서 11월 시험을 보았다.

엉덩이로 공부해야 하는 임용고시에 공부가 부족했으니 당연히 불합격이었다. 시험에 합격하길 바랐지만, 공부하면서도 스스로 부족함을 느꼈으므로 공부는 곧바로 접었다.

나의 장점은 빠른 포기이다. 한 해를 더하려면 경제적으로 불안함을 안아야 했다. 아이가 다니던 유치원에서 교사 제안을 받았으나 그 일에 대한 내 생각은 학부 때와 크게 다르지 않아, 나는 뭔가 다른 일을 찾았다.

새로운 무언가를 찾아 떠난 길을 돌고 돌아 다시 제자리에서 시작하고 싶지 않았다. 이 또한 내 몸에 맞지 않았기에….

일단 초등학교 돌봄교실 교사를 하며 생활비에 보탰고, 그 일을 하면서 천천히 사회와의 소통을 시작했다.

나는 내가 경제적으로 성장할 수 있는 일을 게다가 아직 6살인 아이와 장시간 떨어지지 않아도 되는 일을 찾으면 더욱 좋을 것 같았다.

학교 돌봄교실 교사도 계약직이어서 다른 방과 후 교사와 마찬가지로 해가 바뀔 무렵 면접과 실무평가로 재계약을 하거나 공고를 통해 새롭게 모집하는 절차를 거쳤다. 함께 면접을 보기 위해 대기하는 옆자리에 방과 후 수학 교사가 말했다.

"이 일은 돈을 보곤 못해요. 그렇게 생각하지 않나요?

아무리 열심히 해도 80만 원을 가져가기 힘들잖아요.

방학 땐 그마저 수입도 없고….

저는 이번에 재계약이 되더라도 이 일을 그만두고 전에 하던 공부방을 할까 생각 중에요.

그건 이 정도 시간을 투자하면 지금의 두 배는 벌어요."

그날 처음 만난 그녀의 말 한마디가 내게 새로운 길을 열어 주게 될 줄은 몰랐다.

'맞다. 공부방을 할 수 있겠구나.'

'그럼 공부방을 알아보자.'

여느 날처럼 그날 오후에도 유치원 차량에서 내린 아이를 데리고 놀이터로 향했다. 아파트 놀이터에서 노는 아이의 모습을 바라보는 내 눈엔 희망의 빛으로 가득했다.

집에 돌아와 아이에게 동화책을 읽어주고 잠든 아이를 살핀 후 인터넷을 접속했다.

개인 공부방은 경험이 전혀 없는 내겐 어려움이 있을 것 같아 기업에서 운영하는 프랜차이즈 공부방을 검색했다.

두 개의 공부방 기업을 찾아냈고 장단점을 비교했다. 나는 두 회사의 공부방 운영체계와 교사교육시스템을 분석했다. 가맹비 부담도 없고 교사지원시스템이 있는 곳을 발견했다.

일단 방과 후 교사는 그만두기로 했다. 2월 나는 직접 본사에 전화를 걸었고, 본사에서 연결해 준 지역 담당자와 면담을 했다. 그분이 지금의 지점장님이다.

내 결정이 앞으로 새로운 인생을 좌우할 만큼 중요하다고 느껴져 한 달 넘게 생각했다. 무엇보다 내겐 경제적으로 힘들었고 여유를 부릴 시간도 없었기에 더욱 신중해야 했다.

그리고 그해 4월 지금의 회사에 입사했다. 교육 가겠노라고
이야기한 후 서류를 준비했다.

아이를 키우며 처음으로 부모님께 부탁하고 나는 4박 5일의
교육을 위해 입문교육장에 도착했다.
함께 입소하는 세 살 위 동기의 옆자리에 몸을 싣고 가는
길은 걱정 반 기대 반이었다.
내게 이런 도전이 너무도 오랜만이었다. 세 살 위 동기에게
언니라고 부르며 우리는 4박 5일을 함께했다. 나는 그녀에게 의
지했다.

교육장에 도착했을 때 주차장은 서울부터 제주까지 전국 각
지에서 모인 신입 교사 차량이 줄을 지었다. 연수원 주차장은
주차공간을 찾기가 어려울 정도로 가득했다.
지역별로 지정된 자리에 앉아 긴 여정을 시작했다. 교육시
간 중간 식사하고 다시 반복되는 교육, 오전 8시 넘어 시작되는
교육은 저녁 식사 이후 한 번의 교육을 끝으로 하루 일정이 마
감되었다.
4명이 한 개의 방에서 합숙했다. 우리는 그날 받은 교육 이
야기, 살아온 이야기, 가족 이야기 등등 서로의 지친 하루를 마

무리하며 잠이 들었다.

그때 동기인 은숙 언니는 지금 세종에 살고 있다.

입사 3년을 지내고 일이 마음처럼 잘되지 않아 가맹회사를 옮겨 일하는 언니는 간간이 연락하며 지낸다.

지난겨울 눈 많이 오던 날 만나 한참을 손잡고 수다를 떨었다.

지금은 교사 일을 접고 주식투자와 교회 일에 열심인 언니의 모습에 안정과 고요가 보여 내 마음도 편안했다.

110기 나의 동기들은 지금 모두 잘 지내고 있는지, 어디서 어떻게 자기 삶을 살고 있는지, 얼굴은 알지 못하지만 궁금해지고 보고 싶다.

함께 먹고 자고 교육받은 끈끈한 동료애가 우리 회사엔 살아있다.

그런데….
그가 우리 곁을 떠났다.

주말부부를 하던 2년 차 나는 입사 1년 차, 아이는 일곱 살이 되었다. 그해 4월 어느 날 아침 남편은 작별인사도 없이 우리 곁을 떠났다.

토요일 밤 평소와 다름없이 잠자리에 든 남편은 갑자기 통증을 호소했다. 안방에서 엄마 품에 잠자던 아이가 깨지 않은 것을 현관문을 나오며 한 번 더 확인하고….

잠든 아이의 모습을 불안하게 돌아보던 내 모습이 눈에 선하다.

아빠를 부축해 나가는 모습을 보았는지, 그걸 보고 혼자 앉아 울었는지, 혼자 깨어 몇 시간이 지나도 돌아오지 않는 엄마 아빠를 찾았는지, 배가 고팠었는지, 나는 지금도 모른 채 살아간다.

모두 잠든 고요한 새벽 남편을 부축해 조수석에 앉혔다. 5
분 거리 대학병원 응급실로 달렸다.

　　일요일 새벽 병원 응급실엔 남편을 맡길 의사가 보이지 않
았다. 주위를 둘러보아도 그 누구도 남편을 봐줄 사람이 보이지
않았다.

　　주저앉아 울고 싶었지만, 그저 그들이 하는 대로 두었다. 그
들은 내 질문에 대답 없이 주렁주렁 남편에게 무언가를 달기만
했다.

　　가슴에도 어깨에도 머리에도…. 그리곤 계산서를 내밀었다.
나는 그저 시키는 대로 수납을 다녀왔다. 그사이 내 부축에 자
기 걸음으로 걸어온 남편은 중환자의 모습으로 변해갔다.

　　믿을 수가 없었다.

　　무서웠다.

　　또 하염없는 시간이 흘렀다.

　　인턴들의 말만 믿고 거듭된 검사로 우린 지쳤다. 남편은 의
식도 잃어가는 것처럼 보였다.

　　병원 측에서 본가 가까운 병원으로 옮겨 치료를 받을 것을
권했다.

수술이 잘된다고 하더라도 내가 혼자 감당할 수 없을 수도 있으니 본가 부모님이 계신 곳에서 수술 받을 것을 권했다. 예후가 좋지 않을 수 있다는 말인 것 같았다.

결국, 오전이 다 지날 즈음 시어른들이 구급차를 타고 내려오라 했다.

그리고 잠시 뒤 남편을 태운 구급차는 대구 본가 가까이에 소재한 심장전문의가 있는 병원으로 달리고 있다.

구급차의 세찬 사이렌 소리는 한없이 울렸다. 흔들리는 구급차 안에서 남편의 인공호흡기가 자꾸만 흘러내렸다.

남편은 자꾸 의식을 놓았다. 차트를 전달하기 위해 대학병원 의사 한 명이 동행했다. 그도 우리처럼 많이 지쳐 보였다. 수련생으로 보이는 어린 의사는 졸고 있었다.

아파도 아프다고 말 못 하는 남편도, 꾸벅꾸벅 졸고 있는 검정안경테의 어린 의사도, 지친 몸을 간신히 고쳐 세워 손바닥만 한 좌석에 걸터앉아 애써 버티고 있는 나도, 그저 사이렌 소리의 격한 소리에 정신없이 달리던 차에서 흔들리고 있었다.

나는 가여운 마음에 자꾸만 흘러내리는 호흡기를 구급차가 병원에 도착하기 전까지 몇 시간 동안 수없이 그의 코에 끼워주었다.

잠들어 있던 아이에게 엄마가 아빠를 꼭 살려 오리라 다짐 했는데 그 약속을 지킬 수 없을 것 같다는 생각이 들어 자꾸만 눈물이 흘렀다.

눈물을 닦고 그이의 흘러내린 호흡기를 꽂아주며 난 그렇게 병원에 도착했다.

병원에 도착했을 때 시어른들이 기다리고 계셨다. 나는 가 까스로 목 인사를 하고 응급차에서 다리를 떨구어 내렸다.

그 뒤로 무슨 일이 벌어졌었는지 아무것도 생각이 나지 않 는다. 도무지 생각이 나지 않는다. 내가 어디에서 무엇을 했는지 기억에 없다.

수술은 하루를 넘겼다. 인사도 없이 아니 내가 인사도 못 했는데 이별을 했다. 남편 몸에 이상을 느낀 지 하루 만이었다.

수술을 담당했던 주치의는 지친 모습으로 나를 찾아왔고, 아버님은 내 뒤를 묵묵히 따르셨다.

나는 소름이 돋을 정도로 차갑게 식은 그의 얼굴에 내 얼굴 을 대었다. 손을 잡았다. 그리고 약속했다.

걱정하지 말고 편히 쉬라고,

내가 잘 해낼 거라고.

아이도 걱정 말라고,

내가 지켜주지 못해 많이 미안하다고….

그의 귀에 속삭였다. 그가 들었을까? 남편의 손도 얼굴도 싸늘했지만, 심장은 아직 온기가 있었다. 그 온기는 지금도 내 감각에 남아있다.

누군가 내게 상복을 입혀주었다. 누군지 모를 사람들이 끊임없이 내게 인사를 하고 지나갔고 그들은 내가 있는 자리 저편에 모여 다들 주거니 받거니 술잔을 기울이고 있었다.

속이 상한 남편의 어머니는 문상객이 뜸한 어느 밤 그녀의 시모 앞에서 상을 엎고 목 놓아 울다가 응급실로 실려 갔다.

그들의 모습을 어두운 구석에 앉아 우두커니 바라보았다. 나는 그곳에서 이방인이었고 죄인이었다.

독실한 불교 신자인 시 외숙모님이 내 곁을 지켜주며 위로해 주었다. 그녀가 있어 나는 버틸 수가 있었다.

목요일 아침 버스에 실려 그를 보내는 마지막 여정을 떠났다. 그는 한 줌 가루가 되어 나와 만났다.

너무 아득한 마음에 유리 벽 앞에 서서 사라져가는 그를 바라보며 목 놓아 울었다.

　말할 수 없는 고통이 이런 걸까. 그 때의 충격은 여전히 다시 떠올리고 싶지 않다. 삶이란 참으로 허무하기 짝이 없다

　그가 담긴 상자는 아버님의 손에 들리고 나는 이제 대전 아이가 있는 집으로 간다.

　내겐 감정에 충실할 틈이 없었다. 아이에 대한 미안함으로 내 마음을 들여다볼 자격도 없다고 생각했던 것 같다.

　부정하고 싶었지만, 현실이었고, 오늘 아이가 집에 오기 전 아무 일이 없었던 듯 아이를 맞이해야 한다.

　오로지 그 생각뿐이었다. 자꾸만 풀리는 다리에 힘을 주었다.

　엄마의 늦은 수업에 아이는 유치원 종일반을 했다. 그날은 학부모님들께 부탁을 드려 5시 무렵 수업을 마치고 유치원 차량에서 내리는 아이를 마중했다.

　아이와 나는 손을 꼭 잡았다. 마주 보고 웃어주었다. 계단을 올라 현관으로 들어섰다.

　닷새 만에 함께 저녁을 먹으며 서로 눈을 마주쳤고, 눈빛으로 서로 잘 있었느냐고 서로에게 안부를 물었다.

우린 어제도 그제도 평소와 다르지 않은 일과를 지냈다.

아이를 씻기고, 팔베개를 해 품에 안고 도란도란 동화책을 읽었고, 그다음 날 아침에도 아이가 좋아할 만한 재료로 아침밥을 하고 유치원 차량에 손 흔들어 인사했다.

그리고 나는 다시 회사로 향했다. 내가 2008년 4월 이 회사에 입사한 지 꼭 1년 뒤 4월, 그는 그렇게 우리 곁을 떠났다.

제 2 막

앞이 보이지 않는
어두움 한가운데로 던져졌다.

발버둥치고 목 놓아 울어도,
아무도 듣는 이가 없었다.

시야 끝 저 멀리에 희미한 빛이 보인다.
그 빛을 따라 무작정 달렸다.

그리고 지금,
아직도 어둠 속이지만
환한 바깥세상을 볼 수 있다.
그리고 내 주변 어둠에도
서서히 밝은 빛이 들어오고 있다.

아이를 위해서도
살아야 한다.

아이는 2009년 4월 이후 한 번도 자기를 보러 오지 않는 아빠를 찾지 않았다. 아빠의 부재에 관해 묻지도 않았다.

주말마다 캠핑하러 가고 마트를 가고, 특히나 주말엔 집에 있는 게 아니라며 산과 들 그리고 공원에서 마냥 즐겁게 놀아주던 아빠였는데….

아이는 그런 아빠를 찾지 않았다.

엄마가 일로 바쁠 땐 운동장에서 세발자전거도 밀어주고, 운동장도 달리며, 함께 공차기 했던 가장 친한 친구를 단 한 번도 묻지 않았다.

통화도 못 하고 주말에 집에도 오지 않는데 궁금하지도 않은 듯, 영영 떠난 사실을 알기라도 한 듯 그날 이후 아이는 한 번도 아빠를 찾지 않았다.

나는 그 사람이 생각날 때면 눈물을 흘렸다. 그리곤 아이에게 들킬까 봐 얼른 흐르는 눈물을 닦는다.

아이도 그랬을까? 엄마가 울까 봐….

엄마가 보지 않을 때 저 혼자 울었을까?

아빠가 얼마나 보고 싶었을까?

우리는 서로의 슬픔을 그렇게 다스리고 있었던 것 같다. 한 달 후 우리는 또 한 분의 운명을 참담하게 목격했다. 내가 너무나 존경했던 노무현 대통령. 그분이 서거하셨다.

그런데 아이러니하게도 그 사건으로 인해 아이에게 사랑하는 사람을 잃은 아픔에 대해 진지하게 이야기할 기회를 갖게 되었다. 그동안 아빠의 부재에 침묵했던 우리 모자가 노무현 대통령의 서거라는 또 다른 슬픔을 겪으면서 말이다.

동네 공원에 마련된 분향소를 들러 조의를 표하고 오던 날 이 세상이 온통 슬픔에 잠겨 있을 그때가 남편의 49제였다. 나는 그때야 비로소 아빠의 부재를 아이에게 말할 수 있었다.

그리고 "우리 같이 갈 수 있을까?"

나는 물었고 아이는 고개를 끄덕였다.

나를 바라보며 아이는 나를 덥석 안고 내 등을 두드려주었다. 7살의 어린 아이는 흐느끼는 나를 위로하며 제 손등으로 엄마의 눈물을 닦아주고 있었다.

우리 둘은 묵묵히 그리고 담담하게 대구 본가에 내려가 아빠의 49제를 지냈다. 하루 일을 마치고 아이가 잠든 후 나는 믿어지지 않았던 그 며칠간의 일이 떠올라 숨죽여 울었다.

아이의 담담함에 더욱 서글펐다. 그리고 다짐했다. 이젠 누군가의 딸도 아내도 여자도 아닌 그저 아이의 엄마로 살아가기로 했다.

하지만 아이가 유치원 차량에 오른 후, 나는 지점으로 출근하는 차 안에서 한없이 눈물을 흘렸다. 펑펑 울었다. 소리 내어 그의 이름을 부르기를 수없이···. 세월이 흘러 슬픔이 잦아들 때까지 절대자에게 매 순간 기도했다.

'나를 강하게 만들어 달라고···.

내가 잘 해낼 수 있게 지켜달라고.'

그럴 때면 늘 내 오른쪽 어깨 위 놓인 따뜻한 손길이 느껴졌고 마음이 진정되었고 용기가 생겼다. 차 문을 열고 몸을 일으켜 걸을 힘도 났다. 그 기도하는 마음으로 나도 내 아이도 지금까지 살아내지 않았을까 싶다.

엄마의 수업은 9시가 넘어야 마친다. 매일 자기 방에서 엄마가 점심때 만들어 놓은 식은 도시락을 먹으며 제 나름의 시간을 보내는 아이…. 마지막으로 수업을 마치고 집을 나서는 형아 누나에게 인사하는 엄마의 목소리를 기다렸을 아이다.

"엄마, 끝났어?"
이렇게 속 깊은 아이가 내 아이다.

아이를 씻기고 부지런히 청소기를 밀고 수업에 사용한 6인용 책상 두 개를 접어 한쪽에 세우고 나서야 우린 오랜만에 만난다. 반갑다. 서로 화낼 틈도 싸울 틈도 없었다.

아이가 커가며 유치원 다닐 땐 아이도 종일반 수업을 하고 5시에 집에 왔고, 수업하는 회원도 몇 되지 않아 7시 전에 마쳤었다.

방과 후 수업을 마치면 집에 돌아왔다. 영어 학원을 보내고 태권도 학원을 보내니 그나마 아이가 혼자 지내야 할 긴 시간을 줄일 수 있었다.

우리는 그 힘든 시기를
함께해 온 친구다.

아이는 집에 있는 동안 자기 방에서 꼼짝하지 않았다. 회원이 좀 늘어 작은 아파트에 공부방을 하니 아이 방 하나를 제외하고 모두 수업 공간으로 사용하였다.

아이 방 한 칸엔 빨래 건조대, 자고 갠 이불로 편히 있을 공간도 마땅하지 않았을 텐데 엄마를 한 번도 부르지 않고 수업에 방해될 행동도 하지 않았다.

그리고 초등학교 1학년부터는 친구들과 함께 엄마 선생님의 수업에 참여했다.

경제적으로도 다행이었지만, 아이 공부를 수업 중에라도 봐줄 수 있어 아이의 학습 태도나 성적 등 엄마가 궁금해하는 일은 없었다. 내가 내 아이 상태를 잘 알 수 있어 좋았다.

대부분 엄마가 자신의 아이가 학교나 학원에서 어떤 상태인

지 어떻게 인정받고 있는지 성적뿐만 아니라 생활까지 궁금해
한다.

청소를 마친 후 고사리손으로 영차영차 엄마를 도와 안방에
옮겨놓고 좀 전까지 공부방이었던 안방 바닥에 이불을 깔고 둘
이 쭉 뻗는다.

그제야 비로소 우리 둘만의 자유시간이다. 편한 숨을 쉬면
서, 맘껏 떠들고, 팔베개도 하고, 크게 웃음소리를 낼 수도 있는
행복한 시간을 가질 수 있었다.

잠들 때까지 몇 권이고 동화책을 함께 읽었고 하루 있었던
이야기로 시간 가는 줄 몰랐다.

우린 그 시간 동안 친한 친구였다.

아마도 다른 친구들 집이라면 우리와는 조금 달랐을지도 모
른다.

아이가 학원 숙제는 했는지, 학교 숙제는 무엇인지, 받아쓰
기는 몇 점을 받아왔는지, 단원평가는 몇 개를 틀렸는지, 시시콜
콜 참견하는 엄마와 혼나는 아이의 모습이 쉽게도 떠오른다.

하지만 나는 유치원, 학교를 다녀와서, 엄마가 수업을 마치
고 책상을 접고 청소기를 밀고 씻고 동화책을 읽어 줄 때까지

기다리느라 지쳤을 아이를 닦달할 당당함도 체력도 없었다.

그 시간은 오롯이 우리 둘만의 시간이었다. 둘만의 시간에 감사했고 그래서 참으로 좋았다.

아이가 깊이 잠이 들면, 나는 녹아내릴 것 같은 몸을 일으켜 수업 후 남긴 채점을 했고, 다음 수업에 공부할 이런저런 문제를 찾아 풀어보았다.

바쁜 수업 중 들고 오는 문제들은 미리 공부하지 않으면 실수할 수 있기에, 문제를 보는 즉시 답을 설명하기 위해 밤 시간 초보 선생님인 나는 열심히 공부했다.

내일의 수업 준비를 마치고 새벽 4시가 되어서야 자는 아이 옆에 몸을 눕혔다. 그리곤 잠시 눈을 붙이고 7시 즈음 일어나 아이 등교 준비를 했다.

어쩌면 몸이 지칠 대로 지쳐야만 아무 생각 없이 잠들 수 있었기에 더욱더 밤샐 만한 일을 찾고 또 찾았었나 보다.

20평의 작은 공부방은 공간은 3가족 살림으로 빼곡했다. 남편의 부재 후 안방 침대를 처분하고 6인용 책상 두 개를 들였다.

거실 역시 냉장고와 주방 집기들 여느 집과 마찬가지로 크고 작은 살림들이 여기저기 자리를 차지하고 있었다.

그 중 대부분은 버리고 필요한 것은 아이 방과 베란다에 쌓았다. 학생들이 수업하는 공간을 최고는 아니지만, 최대한의 좋은 환경을 제공해 주고 싶었기 때문이다.

나는 어릴 적부터 남의 도움을 거북해하고, 누군가의 신세를 지는 성격이 못되어 가능한 한 혼자 힘으로 해결하려고 했다.

수업 공간을 만드느라 책장이나 장식장을 치워야 하는 데 엘리베이터를 이용할 수가 없어 계단으로 끌고 내려와 재활용장까지 갖다 놓느라 어깨도 무릎도 자주 상하곤 했다.

공부방으로 쓰게 된 우리 아파트는 당시 기준으로 30년 넘은 복도식에다. 가운데 엘리베이터가 한 대뿐이고 층 중간에 멈추는 구조여서 계단을 이용할 수밖에 없었고, 매일 무거운 교재를 들고 오르내렸다.

하지만 그게 나와 아이를 사람답게 살게 해주는 일이니 이를 악물고 해야만 했다. 그게 우리 둘을 살리는 일이니 힘들고 몸이 상해도 해야만 했다.

그만큼 다급하고 절박했다.

아이는 열심히 사는 엄마의 모습을 바라보며 스스로 크고 있었다. 초등 4학년부터는 더욱 그런 걸 느꼈다. 숙제도 스스로 챙기고 준비물도 미리 말해주었다.

저학년 때는 아이가 내일 가져가 학교 준비물을 늦게 말해주어 문구점이 닫힐까 봐 전력 질주를 하게 만든 경우가 종종 있었다.

늦은 밤 엄마가 수업을 마치고 뒷정리를 하는 동안 먼저 욕실로 들어가 샤워를 하고 제 방에서 혼자 잠들었다.

다만 엄마와 하루를 이야기하거나 엄마 손이 필요할 때는 함께 하곤 했다. 아이는 자신을 스스로 챙기기 시작했다.

나는 아이가 내놓는 가정통신문에 동그라미를 그려주고 학부모란에 사인해 주면 그게 끝이었다.

주말에도 바쁜 나는 아이를 다른 엄마들처럼 꼼꼼히 챙기지 못하였다.

어쩌면 엄마의 욕심이 아이의 능력을 벗어날 때 생기는 부작용을 잘 알았기 때문에 공부로 인해 서로를 힘들게 하지 않으려 했다.

아이에 대한 필요 이상의 기대가 아이를 얼마나 무겁게 하는지….

나는 아이가 혼자서도 이만큼 살아주는 것만으로도 충분히 고마웠다. 다른 것으로 아이를 힘들게 하고 싶지 않았다.

아이가 1학년일 땐 나도 1학년이더니 아이가 4학년이 되니 나도 4학년이 된 것 같았다. 그간 그만큼 자라느라 우린 둘 다 수고했다.

이젠 조금은 여유롭게 아이를 그리고 나를 바라볼 수 있었다. 그리고 무엇보다 나도 공부방 선생님 경력도 어느새 5년 차가 되었다.

어쩌다 가장이 된 나,
그래도 잘 커가는 아들.

아빠의 갑작스러운 부재에도 불구하고 유치원 선생님의 따뜻한 배려로 아이는 유치원에서 안정적인 생활을 했다.

같은 유치원에서 3년째 다녔고, 7세 반은 두 번 다녔다. 아이가 1월생이라 한해 일찍 입학할 가능성이 있어서 유치원을 자기 나이 또래보다 한 살 위 형 누나들 반을 다녔다.

하루는 담임 선생님으로부터 전화가 걸려왔다. 아빠의 안 계신다는 말을 아이에게 들었다며….

"어머님 준이가 오늘 미술 시간에….

가족 그림 그리기를 하는데요….

자기는 아빠가 없는데 어떻게 그리면 되는지를 물었어요.

어머님 괜찮으시면 어떤 상황인지 제가 알아도 될까요?"

나는 우리 가족에게 발생한 일에 대해 말씀드렸고 미리 말씀 못 드려 죄송하다 했다. 선생님도 충격이었을 거다.

　그래서 그런지 선생님은 틈을 내어 아이와 맛있는 데이트를 해 주시고 유행하던 장난감도 사주셨다. 선생님이 아이를 특별히 챙겨주시고 마음 써 주신 덕에 나는 아이와 나의 일곱 살을 무난히 보낼 수 있었다.

　마지막 졸업 재롱잔치에서 아이가 상쇠를 맡아 듬직한 모습으로 반 아이들과 어우러져 연주하는 모습을 보았다. 내 눈엔 그저 내 아이만 보였다.

　큰 아픔이 있었던 그 한 해를 무사히 건강히 마무리하는 아이를 보고 있는 나는 크게 한숨을 돌렸다고 생각했다. 그 힘든 일 년을 살아내느라 실컷 소리 높여 울어 본적도, 마음껏 웃어 본 적도 없는 우리 둘의 모습만 보였다.

　드디어 아이가 초등학교에 입학했다. 자상히 챙김을 받았던 유치원과는 달리 초등학교에선 아이에게 관심이 덜했다. 담임 선생님에게 내 아이는 그저 여러 명의 학급 학생 중 한 명이었다.

　그때 한 사건이 생각난다. 아이의 초등 1학년 담임 선생님은 그 해가 정년을 맞는 해였다. 그래서 선생님은 기념으로 학급사진을 찍었나 보다.

이 학급사진은 3천 원으로 신청자를 받는데 나는 필요성을 느끼지 못해 신청하지 않았다. 그랬는데 담임 선생님으로부터 전화가 왔다. 그분은 전화로 내게 그러면 안 된다는 일장 설교를 한 후 아이 편에 사진은 줄 테니 돈은 보내지 말라고 하셨다. 엄청 혼이 났다.

그 뒤로 난 학교에서 온 통지문엔 무조건 동의한다는 곳에 동그라미를 큼직하게 체크해 보냈다. 내 어리석음이 창피했다. 생각해보면 아이보다 엄마가 더 어리석고 철이 없었다.

학교에서 아이들 문제로 담임 선생님의 전화를 받았을 때도 나는 아이를 믿어 주어야 한다고 생각했다.

그런 일이 어찌 내 아이에게만 있겠는가 싶어 시간이 해결해 주리라는 생각으로 조용히 넘겼다. 세상엔 들추면 해결이 더 어려워지는 일도 많다.

아이도 다 생각이 있을 거다. 실수였다면 뉘우치고 반복하지 않을 것이고, 잘한 일은 더 잘할 것이라 믿었다.

내가 말 할 필요도 없었고, 아이의 설명을 장황하게 들을 필요도 없다고 생각했다. 그냥 나는 아이를 안고 아무 말 없이 등을 쓸어주는 것으로 대신했다.

내 나이 서른일곱. 난 세상을 너무 몰랐다.

마주치는 일들을 어떻게 해결할지 몰랐다. 어디 누구에게 도와 달라 할 방법도 몰랐다. 장마 속 나는 우산도 없이 커다란 운동장 한가운데 서 그 비를 다 맞고 있었다.

모든 걸 그저 감내해내는 방법밖에는 없다는 것을 시간이 지나면서 알게 되었다.

엄마도 혼자서 이겨내기 어려운 상황에 아이는 초등학교에 입학했다. 혼자된 초보 학부모인 엄마는 이런저런 문제에 낯설어하고, 허둥대고, 힘겨워하고 있었다.

그런 엄마를 보며 아이는 얼마나 불안했을까?

그런 생각이 들 때면 다시금 마음을 부여잡았다. 그리고 나는 언제인가부터 점점 용감해지고 있었다.

내 아이에게 가진 게 없어 오해나 모욕을 겪지 않게 하겠다고, 내가 용감해지는 일이 내 아이가 당당하게 살아가는 길이라고. 어떤 일이 있더라도 이겨낼 거라고 이를 악물었다.

그리고 사는 것도 죽는 것도 아닌 이 아득한 상황을 꼭 끝내겠다고….

초등학교에 입학 후 2년 내내 격동의 시간을 보냈다. 다행히 그 이후로는 아이를 잘 이끌어 주시는 좋은 담임 선생님들을 만났다.

선생님들은 아이의 재능도 찾아내 주어 대내외 여러 활동을 하게 했고, 그래서인지 아이는 3학년부터는 학교생활을 안정적으로 지냈고 자신에 대한 자존감도 성장했다.

4학년 운동회 계주에서 1등으로 달리던 친구를 제치고 바람처럼 달려 앞지르던 내 아이를 보며 나도 함께 달리는 것 같았다.

"선생님 준이가 1등으로 들어 왔어요."

선생님 우리 팀이 준이 덕분에 역전했어요."

난 우리 아이의 학부모이자 공부방에 다니는 우리 학생들의 선생님으로 아이스크림과 음료수 사탕들을 한가득 들고 우리 아이들과 시간을 함께했다.

아이는 4학년부터 줄곧 학교 육상대표였다. 나는 아이가 달리는 것을 좋아하나 정도로만 생각했다.

왜냐하면, 나는 달리기를 끔찍이도 싫어했고 학교 달리기는 늘 꼴찌였는데, 아들이 교내 육상대표라는 게 신기하고 재밌었다. 달리기를 잘하던 아이는 6학년이 되어선 대전시 육상대회에서 메달도 받아왔다.

엄마 아빠를 닮아 공부보단 예체능을 잘하나? 남편은 어린 시절부터 관현악부 단원이었다. 그는 튜바를 전공했고 작곡이 부전공인 음대 출신의 경영학 석사였다.

난 아이가 달리기를 잘하는 게 좋았다. 아이 마음속 응어리까지 모두 바람에 날려버리면 좋겠다고 생각했다. 고학년이 되면서 교우 관계도 좋고 리더십도 있는 편이어서 선생님들께 사랑도 많이 받았다.

엄마 손이 가지 않아도 선생님들은 알아서 아이를 잘 이끌어 주셨고, 학교생활도 재밌게 했다. 난 늘 하교한 아이에게 이렇게 물었다.

"오늘 학교에서 무슨 재미있는 일이 있었어?

나는 아이가 오늘 학교에서 몇 점 받았는지 묻지 않았다.

나라고 처음부터 그런 것은 아니었다. 성적에 대해 아이에게 묻는 건 아이가 초등학교 2학년 1학기 성적표를 들고 온 날이 마지막이었다.

공부라도 월등히 잘해 엄마의 자존심을 살려줬으면 하는 생각은 어리석다는 것을 알았다.

　같이 외출하고 돌아와 아파트 주차장에서, 비가 오는 날 아
이를 조수석에 앉힌 채로 엉엉 소리 내어 울었다.

　왜 그렇게밖에 못하는지…. 되지도 않는 말로 아이를 괴롭
힌 이후로 그게 마지막이었다.

　아이도 나도 혼돈의 상황 속에서 천천히 빠져나오기로 난
그때 결심했다. 내 자존심은 아이의 성적으로 만들어지지 않는
다는 걸 알았다. 내가 해야 할 일이 무언지 깨달았다.

　이젠 내가 달릴 차례였다.

이젠 내가 달릴 차례다.

입사 후 공부방을 오픈했지만, 학생이 한 명도 없었다.

입문교육은 실질적인 회원모집에 도움 되는 교육은 아니었다. 적어도 나처럼 경험이 없는 신입에겐 말이다. 이대로 회원이 제 발로 걸어들어오길 기다릴 순 없겠다 싶었다.

나는 회원을 모집하려고 가만히 앉아 좋지도 않은 머리를 쓰는 대신 몸을 움직이기로 했다.

밤이나 주말엔 홍보용 전단을 만들었다.

공부방 반경 500m 내에 보이는 곳곳이 내 홍보 게시판이었다. 길가 가로수에 공중전화부스, 횡단보도 바닥, 전봇대마다 회원모집 전단을 붙였다.

곧바로 떼어지기 일쑤였지만 그러면 또다시 붙이면 될 일이었다. 출퇴근길 그리고 한밤중 또는 새벽녘, 동네 곳곳을 내 전화번호로 도배했다.

내 차 뒷좌석엔 학생들이나 학부모를 만나면 전달할 홍보용 품들이 준비되어 있다. 엄마와 손잡고 가는 아이에 늘 내 시선이 머문다.

아이들 교과를 지도하기는 처음이라 학교 교과서를 취급하는 서점에 가서 주요과목 교과서를 구입했다. 우선 교육과정을 살펴보아야 감을 잡을 수 있을 것 같았다. 그리고 아직은 내가 가르칠 학생도 없었다.

오랜만에 펼쳐보는 초등학교 국어, 수학, 사회, 그리고 과학 교과서와 자습서를 열심히 공부했다. 중학생 수학과 영어 교과서는 외우듯 공부했다.

매번 수업일지를 정리하고 수업 준비를 하면서 처음부터 차근차근 배워 나갔다. 공부하러 오는 아이들과 엄마들의 중요한 시기를 내가 책임지고 있다고 생각했다.

혼자 해결하기 어려운 학부모 관리나 학생들의 수업 중 발생하는 문제는 지점 선배들의 노하우로 해결했다. 주 3회 출근하는 시간은 내게 동료들을 통해 위안받는 시간이자 선배들의 노하우를 배우는 시간이었다.

선배들은 서로 자기의 소중한 지식과 경험이 담긴 자료를 공유한다. 신입인 나는 물어보지도 못하고 뻘쭘하게 기웃거리기만 했다. 마음씨 좋은 선배들은 내게도 그들의 노하우가 담긴 소중한 자료를 나누어주었다.

"쌤도 이거 한 번 써볼래?"

얼마나 반갑고 고마운 목소리였는지 모른다.

첫 회원으로 인해 다음 달 내 통장에 찍힌 급여는 회사에 내는 수수료 40%를 제외하곤 7만 원 정도였다. 그래도 그때는 남편을 의지하고 나아질 미래를 기대하며 다음엔 더 잘 될 거란 희망과 마음에 여유도 있었다.

남편이 떠난 한 달 뒤 1년 차 교육 공문을 받았다. 회원이 하나둘 늘어 그즈음 수당은 백만 원 남짓이었다.

처음 입사했을 때 만난 선생님들과의 두 번째 대면이다.

처음과 비교하면 그나마 조금은 발전한 모습으로 갈 수 있게 되어 기분이 나쁘진 않았다. 포기하지 않고 버틴 나를 칭찬했다.

잠시라도 그 상황을 탈출할 수 있다는 마음에 한 달 전 남편을 보냈다는 사실도 잊은 듯했다. 나는 1년을 잘 버티고 그들과 함께 있었다.

긴장과 설렘으로 교육장 뒤편에 자리를 잡고 동기 교사의 사례발표를 들었다.

그녀는 교인, 지인, 영업팀 지원 등 회원모집 관리 등의 노하우를 전하면서 월 300만 원의 수입을 올리고 있다고 했다.

그녀의 발표는 내게 희망이었다.

나도 노력하면 3년 차 교육엔 사례발표자로서 저 자리에 설 수 있겠다고 생각했다. 나는 가능성을 발견하였다.

교육장에 오기 한 달 전 남편을 보냈고, 그 충격에서 헤어오지 못하고 힘들어하고 있던 나에게 이 1년 차 교육은 새로운 꿈을 꾸게 했다.

더불어 교육을 통해 나는 몸과 마음을 추스르기 시작했다.

그래!!!
한번 제대로 해보자

입사 2년 차부터 내게 좋은 기회가 주어졌다. 교사들을 대상으로 하는 강의였다. 사실, 이 강의는 지점 교사들이 여름방학 현장체험을 하러 가게 되어 해당 강사를 대신한 신입교사들을 위한 OJT 강의였다.

나는 여름방학 현장체험을 갈만한 형편이 아니었다. 남편이 있었더라면 아이를 맡기고 같이 합류할 수 있었는데….

아빠가 없는 상황에서 아이를 혼자 두고 싶지 않았다. 그렇다고 아이를 다른 가족에게 부탁하긴 더 싫었다. 그래서 그 시간을 집에서 아이와 함께 보내려 하였다.

그런데 강의를 대신 해 줄 수 있느냐는 지점장님의 부탁이 있었다. 흔쾌히 응했다. 강의를 준비하는 일이 쉬운 일은 아니었지만 다들 현장체험 중이라 나 역시도 출근할 일이 없어 시간적 여유도 있었다.

OJT 교육은 이제 막 4박 5일 합숙을 마친 신입 교사들을 영업국에서 실무교육을 지원하는 프로그램이다.

대타 강의였지만 이 또한 의미 있다 생각했다. 동료 앞에 서는 게 그리 힘든 일도 아니고, 내가 일 년 전 앉아있던 그 자리를 바라보며 그들에게 도움이 될 수 있는 일이니 마다할 이유도 없었다.

그랬는데 다음 교육에서도 강의하게 되었고, 이후 영업국 사례발표 자리에도 섰다. 지금은 공부방 운영 실제와 상담과목을 강의한 지도 10년이 훌쩍 지났다.

어느덧 3년 차가 되어 회사로부터 교육생 대표로 사례발표를 해달라고 부탁받았다. 그리고 발표에 관해 전화로 몇 회에 걸쳐 의논도 했다.

첫 사례발표인 내 입장을 고려해 어려움이 없도록 배려해주어 한 달여 시간 동안 원고를 만들어갔다.

1년 차 프로 교육과정에서 다짐했던 일이 현실이 되었다. 나는 3년 차 교육생 대표로 사례발표자가 되어 본사 첫 강의를 시작했다. 그 후 몇 년간 한 해에도 여러 차례 본사 강단에도 섰다. 소속 영업국뿐 아니라 다른 지역 영업국으로도 출강했다. 요즘은 순환 강의가 활성화되어 있지만, 그 당시만 해도 흔한 일은 아니었다.

늦은 밤 수업을 마치고 원고작업을 하느라 다시 집중해야 하는 반복되는 일정들이 힘들었지만 그걸 통해 얻는 성취감은 정말 소중한 경험이었다.

내 자존감은 무럭무럭 자랐다. 본사 인재개발팀 강사로 매월 신입 교사 입문교육에서 〈성공적인 초등공부방 운영〉이란 주제로 정기적인 강의를 시작했다. 좀 더 잘 해보고 싶은 마음에 추가원고를 작성하기도 했다. 간혹 강의 일정이 변경되기도 했고, 비가 오는 날이면 운전이 걱정되었다.

눈이 많이 쌓인 날엔 새벽 운전이 위험해 몇 배의 시간을 들여야 했다. 지하철과 KTX를 이용하고, 다시 택시로 옮겨 타며 교육장으로 바삐 달려야 하는 경우도 있었다. 그렇지만 나를 성장시키는 일이기에 기꺼이 했다.

지금도 강의가 있는 날엔 아침이 일찍 시작된다. 출근 정체가 걱정되어 늘 두 시간 전에 출발했다. 교육장에서 동료 교사의 첫 교육을 받을 신입 선생님들에게 좋은 첫인상을 위해 밝고

예쁘게 그리고 교사답게 거울에 비친 나를 체크하고 집을 나선다.

낮 12시 30분이면 공부방에 도착하는 아이들을 맞이해야 하기에, 교육이 있는 날 점심은 언제나 삼각 김밥과 바나나우유다.

다음 달에도 나는 운전하며 마실 따뜻한 커피가 담긴 텀블러와 아침 대용의 빵 한 조각을 들고 신입 교사들을 응원하기 위해 교육장으로 달려가고 있을 것이다.

강의가 많은 시기엔 한 달에도 정기 강의 외에도 두세 번의 강의가 더 있다. 정기 강의는 기존의 내용을 중심으로 전달하니 많은 수정은 없다. 그러나 특별강의의 경우엔 강의 주제나 대상이 다르므로 번번이 원고를 쓰고 대강당 스크린에 띄울 ppt 작업도 해야 했다.

그나마 컴퓨터 강사와 그래픽 프리랜서를 했던 경험으로 ppt 프로그램은 어렵지 않았다. 다른 사람을 귀찮게 하지 않아 좋았다. 스스로 충분한 시간을 두고 내 맘에 들도록 작업이 가능했다. 밤 10시에 마치는 일과로 작업 시간이 부족해 잠을 줄였다. 수면 부족으로 힘들었지만 재밌었다.

선배는 나의 미래이며,
든든한 후원자다.

　일반 직장과는 달리 회사는 프랜차이즈 공부방이다. 주 3회
출근해야 하고 조회도 한다. 입사 초기엔 선배들의 노하우를 받
아 적고 따라 했다.
　그들의 풍성한 자료들이 부러워 자료 한 개라도 받을 수 있
을지 주변을 서성였다.
　내가 도움받을 노하우들을 가진 선배들은 보통 3년에서 5년
차 정도 선배들이었다.

　그 당시 내게 높기만 한 선배들의 벽. 나이에 묻어나는 연
륜에 실력이 더해져 대단하고 특별했다.
　길고 긴 4박 5일 입문교육으로 지쳐갈 무렵, 삼 일째 당시
내가 속한 지점 선배 교사가 입문교육 강의를 했다.
　"안녕하세요. 대전지점 손재형입니다."

초등사회 지도법 강의를 들으며 나는 그녀에게 왠지 모를 친밀함이 느꼈다.

입문교육이 끝나 지점에 출근했을 땐 그 선배에게 먼저 다가갔다. 당시 주임이던 띠동갑 재형 선배를 열심히 쫓아다녔다.

그녀는 내게 의지였고 희망이었다.

그녀는 그런 나를 따뜻하게 가르쳐주고 자기가 가진 자료도 공유해주었다. 나는 한동안 그녀를 보기 위해 출근했다.

입사 1년 후 남편이 갑자기 떠났을 때 늦은 수업을 마치고 두 시간 넘는 장례식장에 한걸음에 달려와 준 그녀다.

그녀가 나를 안아주었을 때 많이 참 많이 따뜻했다. 그녀가 대전으로 돌아가는 길에 나도 따라나서고 싶었다.

선배는 나의 손을 잡고 말했다.

"지나야, 너 이런 일이 당했다고 해서 절대 일을 그만두면 안 된다."

난 선배의 눈빛에 고개를 끄덕였고 그녀가 떠난 이후에도 어두운 구석에 앉아 그 말을 되뇌었다. 지친 밤을 지내는 내게 그녀의 말은 내게 희망이었다.

장례를 마치고 대전으로 돌아와 출근한 첫날. 그녀는 나를 찾아 눈으로 위로의 말을 전했다.

지점 교사들이 몰랐으면 한다고 부탁을 해서 그녀는 그렇게 했나 보다.

나중에도 조용히 알려졌을 뿐. 누구도 드러내고 말한 이는 없다.

그날 이후 우린 오래오래 서로에게 특별한 존재로 지낸다.

서른여섯 시작한 일을 지금까지 하는 건 그때 내게 진심 어린 말을 해주고 오랫동안 내 곁에서 동료이자 친구가 되어준 그녀 덕분이다.

공부방은 나가서
발로 뛰어야 한다.

입사 첫해에는 공부방 회원을 늘릴 생각뿐이었다. 있다면 뭐든지 하겠다는 생각만 했다. 남에게 한마디 듣기도 부탁하기도 싫어하는 성격 탓에 영업은 나와 맞지 않는다 생각했다.

아이들만 잘 가르치면 될 거란 생각은 얼마 되지 않아 그게 다가 아니란 것을 실감했다.

나 자신을 영업현장에 투입해야 했다. 가장이 된 이후 난 영업 전사로 거듭났다. 신규 회원모집과 학업과 진로에 대한 상담과 강의도 한다. 내 회원 백 퍼센트는 내가 상담해 가입시킨 회원이다.

주말엔 아이가 아직 자는 새벽, 아는 사람이라도 만날까 창피함에 깊숙이 모자 속에 나를 감추고 밤새워 만든 전단을 들고 집을 나섰다.

눈에 보이는 아파트 단지마다 잰걸음을 걸었다.

열린 출입구만 보이면 안으로 들어가 집집마다 현관문에 전단을 붙이고 계단을 타고 복도를 돌았다.

그렇게 한번 작업을 하고 나면 온몸이 욱신거려 하루는 꼬박 앓아누웠다.

다니는 길에 있는 전봇대마다 모두 내 전단을 붙어있게 하리라 마음먹고 청테이프를 뜯고 또 뜯었다. 내 검지 끝은 항상 하얗게 닳아있었다.

스탬프를 전단에 찍을 땐 찰칵찰칵 소리가 재미있든지 그게 놀이로 여겨졌든지 아이는 자기가 도와주겠다 하여 아이 손에 쥐여주었다.

어릴 적 엄마는 살림에 보태려고 밤늦도록 뜨개질을 하시거나 쇼핑백 접기를 하셨다.

나는 엄마가 하는 게 내가 하는 수학 공부보다 재밌어 보여 돕겠다는 명목으로 엄마가 하는 일을 같이한 적이 있다. 내가 썩 도움이 되지 않았을 테지만 엄마는 내 손을 거부한 적이 없었다.

가서 네 공부나 하라 하셨다면 민망함에 마음을 다쳤겠지만, 엄마는 그런 소심한 내 성격을 너무도 잘 알고 계셨던 것 같다.

나도 나를 돕겠단 1학년 꼬마 친구의 손을 거절하지 않았다. 그때 엄마 마음을 알았기에….

지금도 공부방 출근길 학교 앞 한쪽에 차를 멈추고 횡단보도에 바닥에 엎드려 전단 시트지 꾹꾹 눌러 붙인다.

길가는 처음 본 엄마들 손에 내가 만든 공부방 홍보자료를 쥐여주며 정월 초하루처럼 인사한다.

"차 드시러 오세요."

"상담 받아 보세요." 라고 말한다.

나는 이쪽 계통에선 도가 튼 영업 전문가다.

그런 거 어떻게 하냐고?
그래도 해야 해!!!

추운 날 살을 파고드는 찬바람에 언 손에 입김을 불어가며 박혀있는 압정을 빼내 아파트 게시판을 붙이던 모습….

더 줄일 곳이 없어 먹고 입는 것을 줄였다. 쓰지 않고 모았다. 적은 수당이니 쓰지 않아야 모을 수 있었다. 갚아야 할 빚도 내 어깨를 늘 짓눌렀다. 부끄러움, 불쌍함. 그러저러한 감정들을 혼자 이겨내며 눈물을 삼키던 그 날의 내 모습이 장소 곳곳에 남아있다.

그렇지만 내겐 나보다 더 힘든 암담한 시간을 보내고 있을 아이의 고통 슬픔이 있었기에 그 무엇도 이겨낼 수 있었다. 지친 내 모습 뒤엔 언제나 나만 바라보는 아이가 있었으니까….

나는 일복을 타고났다. 첫 직장에서부터 내가 일복이 많이 있다는 것을 알았다. 직장 상사들 모두 나를 보면 그렇게 말했다. 일을 끌고 들어오는 사람이 있다며….

내가 있는 팀은 언제나 일이 넘쳐났고 학원 강의를 할 때도 학원생이 몰려 분반을 했다. 감사한 일이다. 일하느라 힘들다고 눈물지을 틈이 없었으니까?

입사 1년 차 교육을 다녀온 뒤 회원은 점차 늘어갔다. 학부모들 간의 지인 소개도 이어졌다. 내 학생이 되면 공부방 장기 회원이 되어주었다.

공부방에서 초등학교를 졸업하고 중학교 3년을 마친다. 같은 반 엄마들은 우리 공부방에 다니는 아이가 꾸준히 다니는 모습을 보고 저기엔 뭔가 있을 것 같은 기대감으로 공부방 문을 두드린다.

어떤 학부모들은 30년 넘은 낡은 아파트에 있는 볼품없는 작은 공부방이라 아이를 보내길 꺼리기도 한다. 소문을 듣고 전화를 했어도 공부방 위치를 묻고는 실망한다.

"아 그 아파트에서 하시는구나."

"다음에 다시 전화 드릴게요."

라며 끊어버리는 학부모들이 종종 있었다.

물론 내게 보내주는 부모님은 전적으로 내게 맡겨주시니 나는 그들이면 충분했지만. 그래도 섭섭했다.

그래서 더욱 내 학생들이 가장 소중했고, 내 공부방에 아이를 맡겨준 학부모가 가장 고마웠다. 내가 해 줄 최선의 에너지를 쏟았다.

말하기 좋은 깔끔한 아파트에 좋은 시설의 공부방이나 학원이 동네에 손쉽게 찾을 수 있다는 걸 나도 잘 알기에 엄마들의 마음을 충분히 이해된다.

나라도 같은 마음일 수 있다고 생각했다.

그들의 마음을 이해하는 일은 오히려 내 사업에 도움이 되었다. 허름한 공부방으로 느껴지지 않을 만큼 만들면 될 일이었다.

교사도 환경도 내 아이를 안심하고 보낼 수 있는 공부방으로 만들어 갈 수 있는 이유가 되어주었으니 말이다.

우리 교육의 웃픈 현실.

　대한민국의 보통 엄마로 살아간다는 것 그것마저도 어떤 이
에게는 허영이고 사치이며 부러움이다. 우리의 교육 현실을 탓
하고, 안타까워하며, 비판하는 것마저도 부러운 일이다.
　나와 같이 어려움 속에 부딪히며 세상을 살아가는 엄마들이
라면 조금은 공감할 것이다. 그리고 무엇보다 이곳은 나에겐 우
리를 먹여 살려준 일터요, 산업현장이다.

　우리나라에 셀 수 없이 많은 공부방 학원…. 이른바 사교육
시장의 주인공들이 있다. 물론 학교와 학부모들도 거기에 포함
된다.
　이 시장은 정보가 생명이다. 이름 있는 학원을 섭렵한 엄마
들의 정보력. 정부가 바뀌면 변화되는 교육 정책에 발 빠른 대
비를 하고 오로지 한 곳을 바라보고 내달리는 교육 시장의 참여
자들이다. 이제 겨우 아이가 다섯 살밖에 안 되었는데, 아이 엄

마들의 대화 주제는 수능이 빠지지 않는다.

그러기에 학원은 겨울학기 전부터 언제 변할지 모를 입시 제도를 설명하고, 그를 통해 아이들을 끌어모은다.

엄마의 정보력이 아이의 입시와 직결된다는 말은 현실이다. 엄마는 입시가 가까운 아이의 손을 잡고 그에 맞는 각종 스펙을 챙겨주기에 열중한다.

아이들도 나름으로 열심히 달려준다. 학교에 입학하면서 아이 엄마는 초능력자가 된다. 현대의 효자 효녀는 엄마가 시키는 대로 움직여주는 아이다.

집 길 건너편이 대전의 대치동이라 일컫는 둔산동 학원가다. 평일 오후뿐만 아니라 주말 오후 타임엔 둔산동 학원가 3차선 도로는 1차선으로 좁혀진다.

오죽하면 안전을 고려하여 학원 차량을 위해 타고내리는 주차공간을 별도로 공영주차장에 마련되어 있을 정도이다.

그러니 주말 학원가는 늘 정체다. 바삐 내린 아이들의 머릿속도 정체인지 걱정이다. 부디 그렇지 않았으면 좋겠다.

그런 우려와는 별개로 엄마의 입장은 내 아이가 어떻게든 이름 있는 유명학원에 다니는 아이들과 같은 무리가 되어주기를 희망한다. 학원 가방을 메고 엄마의 차에서 내리며 손 흔드는 아이들의 모습은 흔한 광경이다.

그 주변 카페에서 대기하다 아이가 학원 공부를 마치면 다시 아이를 픽업해 다른 학원으로 이동한다. 한산하던 카페 안은 그 시각 수업을 마치고 나올 아이를 기다리는 엄마들로 북적인다.

비단 이곳뿐일까? 우리나라 아이들은 엄마들이 만들어준 스케줄에 따라 오늘도 바쁠 일정을 소화해야 한다. 대형학원만의 이야기가 아니다. 내가 운영하는 동네 작은 공부방마저도 엄마의 고민에 따라 선택된다.

하나하나 내 아이가 소중한 것은 두말할 나위가 없다.

그 선택을 받기 위해 교육의 질을 균형 있게 유지하고 작은 공부방에 대한 학부모의 선택이 선입견에서 신뢰로 변화하도록 모든 학원, 공부방 선생님들은 최선을 다한다.

나도 그렇다.

아이를 키우면서
서러웠던 일들….

아이가 초등학교 입학 할 때인 것 같다. 공부방이 있는 동네는 군부대가 있던 자리를 15년 전에 개발하여 큰 아파트 단지와 학교가 들어섰다. 비슷한 시기에 대전으로 내려와 살림을 하다가 공부방을 시작한 나는 생각지도 못한 차별의 시선을 경험했다.

아이 아빠를 떠나보낸 다음 해 아이는 공부방 바로 옆 초등학교에 입학했다. 예비소집일 학교 강당에 도착했을 때 아파트별로 줄을 서서 안내문을 받아가라 했다.

새로 지은 두 아파트 그리고 30년 넘은 아파트, 이렇게 따로 줄을 세웠다. '이게 모람?'

이유야 있겠지만 그 줄을 서기 위해 걷는 걸음이 무겁다. 부끄럽고 주눅도 들어 걸음 떼기가 정말로 싫었다. 내가 좋은 아파트에 살았더라면 느끼지 않았을 마음이다. 오래되어 낡은, 그리고 보기에도 초라해 아파트에 사는 줄에 서 있는 사람들을 쳐다보는 불편한 시선을 느끼며 입학서류를 받았다.

만일 내가 그들처럼 비싼 아파트에 살았다면 허름한 아파트에 사는 사람들에게 불편한 시선을 보냈을까? 난 싸구려 아파트 앞에 줄 선 엄마들을 그렇게 보진 않았을 거다.

아니다. 어쩌면 나 역시도 잠깐의 우월함과 우쭐함을 즐겼을지도 모르겠다. 나라고 별수 있나?

아이가 입학하니 내야 할 서류가 있었다. 바로 주민등록등본과 가정환경조사서였다. 그것이 우리에겐 참으로 고역이었다. 아이 아빠를 보내고 이런저런 일들을 수습하던 중 주민센터에 가서 해야 할 일이 있었다.

남편의 사망신고를 하기 전 나는 아이에게 아빠를 기억하게 하고 싶은 마음에 아무 곳에도 쓸모없는 우리 셋이 나란히 적힌 등본을 몇 장을 떼어 두었다.

이젠 우리 셋이 나란히 함께 한 기록을 만날 수 없으니까. 그리고 다음 날 다시 주민센터로 가서 남편의 사망신고를 했다.

아이가 입학한 후 담임 선생님께 어떤 등본을 낼까 망설였던 것 같다. 아빠가 함께 있는 등본을 내면 내가 아이에게 부끄러울 테고, 아이도 아빠의 부재를 숨기고 주눅 들을 것 같았다.

그래서 난 아빠가 부재인 등본을 아이에게 들려 보내며 차라리 사실 그대로를 드러내고 더 단단해지길 바랐다.

'이제 다시는 이런 서류 내지 않고 살았으면 좋겠다.'고 생각했다. 하지만 가정환경조사는 해마다 학기 초에 반복되었다.

아이 이름만 입력하면 개인 정보동의서 한 장으로 학교에서 다 들여다볼 수 있는 시스템은 언제쯤 만들어질까? 우리 아이 같은 경우는 1학년 전체에서 몇 명 되지 않으니 그 몇 명은 한번 더 상처받아도 상관없다는 걸까? 아니면 우리는 이런 게 상처라도 생각할 자격도 없는 건가?

상처라 여기는 게 이상한 건지도 모르겠다. 세상에서 가진 자는 남의 부족함을 인지하기 어려운 법이니….

우리나라의 행정이 관료주의에서 벗어나 아픔이 있는, 남만큼 가지지 못한 사람들에게 좀 더 사려 깊었으면 좋겠다.

한 장의 종이로 부모와 아이가 매년 계속해서 마음 다치는 일이 없었으면 좋겠다.

불쌍한 취급 받고 싶은
사람은 없다.

국가가 국민 모두의 애로사항을 국가정책을 통해서 해결해 준다는 것이 가능할 것이라 믿지는 않는다. 정부의 많은 노력에도 불구하고 여전히 어려운 사람들은 있다.

그래서 공무원과 여러 뜻있는 사람들은 사각지대에 있는 더 어려운 사람들을 위해 더욱 애쓰고 있는 것도 잘 알고 있다.

그러나 아쉬운 부분이 있다. 이 일을 하시는 분들의 생각이 조금은 바뀌었으면 한다.

어려운 사람들을 위해 정책을 집행하시는 분들은 아마도 이런 생각을 하시는 것 같다. 어려운 사람들을 찾고, 그들을 늘 살피고, 도움을 주어야 한다고 말이다.

틀린 말은 아니지만 은연중에 이 말이 지니고 있는 위험성이 자리하고 있는 것 같다.

왜 위험한 생각이냐 하면, 자기는 도움을 주는 사람이고 나의 일로 어려운 사람을 구제한다는 우월의식을 가질 수 있기 때문이다.

어려운 사람들에게 도움을 주는 일은 우월의식을 갖고 베푸는 공치사의 행위가 아니다. 선심으로 베푸는 일이 아니다. 가난한 사람, 불쌍한 사람 떡 하나 던져주는 것이 결코 아니다.

이런 우월의식을 가지고 일하는 공무원이나 단체가 있다면 비록 그들이 힘들게 일했어도 그것은 도와주는 것이 아니라 더욱 상처를 주는 것이다.

만일 그런 우월의식을 가지지 않는 분들이라면 자기가 하는 일이 어려운 사람을 돕고 베푸는 것으로 생각하지 말고, 당연히 해야 할 그저 보통의 업무라고 생각했으면 좋겠다.

'솔직히 난 누구의 도움도 받고 싶지 않다.
누구로부터 불쌍한 사람 취급받고 싶지도 않다.
자존심은 더욱 상하고 싶지 않다.'

이는 나뿐만이 아니고 하루하루 힘들게 살아가는 사람들 모두가 그럴 것이다. 뻘쭘하게 주민센터에서 주는 얼마 안되는 혜택이라는 것을 받으러 갈 때가 더 서럽다. 어렵고 불쌍한 사람들은 도움을 받을 때마다 상처를 받아야 하는가?

그러니 이런 일은 베푸는 것이 아니라 국가가, 공무원이 당연히 해야 하는 의무라고 생각해줬으면 한다.

부디 상처를 주지 않고 일했으면 좋겠다. 그러면 지원이 부족해도 감사할 것 같다.

남편의 사망신고를 하고 일 년 뒤의 일이었다. 아이 학교 담임 선생님이 아이 편에 차상위 계층 신청서 한 장을 보냈다.

입학 당시 제출한 등본을 보고 해당 아이에게만 전달했는지 아니면 모든 아이에게 일괄 전달한 것인지 모르지만 만약 해당 아이에게만 따로 불러 전달했다면 다른 아이들 앞에서 그걸 받아든 아이는 마음이 어땠을까?

나는 종이에 적힌 내용을 읽어보았다. 아이에게 미안했다. 그래도 그 종이를 들고 국가에서 우리에게 줄 복지혜택을 누려볼 심산으로 주민센터로 향했다.

대기표를 내고 담당 공무원에게 종이를 전달하니 그는 익숙한 표정으로 전산을 확인했다. 혹시나 싶은 기대감으로 기다리던 내게 직원은 해당 사항이 없다고 말했다.

난 오히려 마음이 가벼웠다. 이제 아이가 그 신청서를 가져

와도 라고 당당히 말해줄 수 있었기에….

"우린 해당 안 돼"
"염려 마, 아가야 우린 그렇게 가난하지 않아"

IT 강국이라는 우리나라는 세계가 부러워하는 훌륭한 행정 시스템이 있는데, 언제까지 아이들 손을 통해 행정서류를 전달해야 하는가?

언제까지 힘들게 살아내는 이들의 마음에 상처를 주어야 하는 걸까? 그냥 국민으로서 누구나 당연히 받아야 하는 무상급식과 같이 부끄러움 없이 자연스럽게 받으면 안 되는 것인가?

학습을 위해 사용하는 인터넷 요금을 지원하거나 우유를 돈을 내지 않고 먹게 하는 일 따위는 잘사는 아이도 그렇지 못한 아이도 누구나 누릴 수 있는 복지가 되었으면 좋겠다.

진정으로 빈곤층으로 분류되는 계층을 돕고 싶다면 매년 자격지심을 건드리는 일은 되풀이하지 말아야 한다. 시스템은 그럴 때 활용하는 거라고 본다.

누구든 집단에서 불쌍한 대상이라고 낙인찍히는 일도 없었으면 좋겠다. 그게 목적이 아니라면 그러지 않았으면 좋겠다.

특별할 것 없는 꼴랑 얼마 안 되는 혜택을 주느라 받는 사람의 마음에 상처 주지 않았으면 좋겠다.

현재도 그 당시 나처럼 빈곤의 사각지대에서 극복하기 힘든 상황에 살아가는 사람이 많을 것이다.

가난은 죄가 아니다.

낭비되는 예산을 조금만 아껴도 사소한 차별적 혜택으로 인해 비굴함을 느끼는 학생은 줄어들지 않을까 싶다.

적어도 자기 힘으로 어찌할 수 없는 아이들에겐 보편적인 복지로 답을 찾아주었으면 좋겠다.

복지 지원을 좀 더
세련되게 했으면….

오래전부터 방영되는 TV 프로그램이 있다. 아빠와 함께 하는 몇몇 육아 프로그램. 흥행이 되니 공영방송뿐 아니라 케이블 방송까지 다투어 만들었다.

화면 속 아빠와 아이들은 행복하고 윤택했다. 우린 그런 프로그램 때문에 힘들었다. 아이는 아빠와 함께하는 친구들이 부럽지 않았을까? 그런 생각에 나는 채널을 돌리곤 했다.

아이와 난 그 보이지 않던 긴 터널을 빠져나왔다. 다행히 우리는 운이 좋았다. 주민센터에서 퇴짜를 맞고 기분 좋게 돌아오는 날, 아파트 관리 사무소에서 안내 방송이 나왔다.

국가 지원 쌀 대상자는 오늘이 마감이니 주민센터를 방문하라는 공지였다. 수업 준비를 하러 밖으로 나갔다가 우리 뒷동에 사는 아주머니를 보았다. 그녀에게도 우리 아이만한 아들이 있었다. 그래서 자주 인사도 하고 그랬다.

나는 그 아이를 내 공부방에 보내주면 좋겠다는 마음으로 더 깍듯이 인사했다. 동네 작은 공부방을 운영하다 보니 민원이 나오지 않게 최선을 다해 인사를 해야 하기도 했다.

그런데 그날 그녀는 내 인사도 받지 않고 어디론가 급하게 달려갔다. 얼마 후 차에 두고 온 교재를 가지러 주차장 쪽으로 걸어가는 데 그녀가 쌀 포대를 안고 오는 모습이 보였다.

나는 그녀가 나를 보지 않도록 일부러 주차장 뒷길로 돌아왔다. 차상위의 갈림길에선 그달의 내 수당은 고작 115만 원이었다. 내겐 낡은 차도 있고 작은 집도 있는데, 혹시나 나도 저 상황이 되면…. 이 상황을 한시도 빨리 벗어나야겠다고 생각했다.

나는 지금도 여전히 처음 시작했던 장소에서 공부방을 운영하고 있다. 그녀도 여전히 그곳에 산다. 더 나은 삶이란 무엇이고 누가 행복한지 그걸 말하고 싶진 않다. 나는 적어도 그 길고 긴 터널을 빠져나왔기에 이 이야기를 하는 것이다.

차별금지법. 이는 합리적 이유 없이 성별, 장애, 병력, 나이, 성적 지향성, 출석부가, 출신 민족, 인종, 피부색, 언어 등을 이유로 고용, 교육기관의 교육 및 직업훈련 등에서 차별을 받지 않도록 하는 법률이라고 한다.

우리나라에서는 2007, 2010, 2012년 등 3차례에 걸쳐 차별금지법 입법을 시도했으나 모두 불발에 그쳤다. 벌써 8년여를 끌어온 법안인 걸로 안다. 8년 전 아이는 초등 4학년이었다. 이 사안이 정치적 쟁점으로 다른 사안 뒤로 밀리지 않았으면 한다.

젠더 이슈 등을 이유로 논의만 계속하고 있단다. 그러나 나처럼 한부모 가정의 가장으로 힘들게 사는 사람들을 생각했으면 좋겠다.

물론 아이가 사회에서 받아왔던 시선들, 그리고 남녀를 불문하고 한 부모 가족의 가장으로서 받아들여야 하는 사회적 모순들, 그리고 장애가 있는 사람들의 고통 역시도 겪어보지 않았으면 공감이 안 될 것이다.

그러니 그건 몇 가지 정치적 쟁점보다 고통받는 사람들 처지에서 고려해야 한다고 생각한다. 더는 자기가 원하지 않았는데 아파야 하는 사람들을 위해 한 번 더 따뜻한 시선으로 바라보아 주면 좋겠다.

아쉬운 점도 많았지만
잘 버텨왔다.

일하는 엄마, 그것도 혼자 가장이 된 엄마는 그 현장에 관심을 가질 정신적, 경제적 여유가 없다. 그리니 난 내가 아이에게 해 줄 수 있는 적정선을 선택해야 한다.

혼자 키우는 한 부모 가정이라 해도 차상위에 속하려면 살아가기에 어림도 없는 낮은 수입을 증명해야 한다.

그 수입으로 정부의 보조를 더 한다 해도 과외나 학원을 보내는 것은 꿈도 꿀 수 없을 것 같다. 일정하게 지출되는 교육비를 얼마나 감당할 수 있을지도 의문이다.

그나마 이혼으로 어느 정도 양육비라도 받는다면 교육비 부담은 덜 할 수 있겠지만 말이다. 이런 내 생각에 대해 동의 못할 분들도 있을 것이다. 다만 나는 내 입장에서 생각해보니 그럴 수 있겠다 싶은 거다.

이혼한 채로 아이를 양육하는 것도 얼마나 힘들지 짐작은 간다. 그들의 힘든 상황은 나와 달라 잘 알지 못하지만 적어도 어느 누구의 경제적인 지원에 대한 기대조차 할 수 없는 채로 허덕이던 그 시절을 생각하면 다시는 그런 삶을 살아내지 못할 것 같다.

지금은 적지 않은 수입이지만 그래도 아이를 지원하는 데에 꽤 큰 비용이 들어간다. 독서실이나 학원, 온라인 강의와 교재 등 게다가 먹고 쓰는 기타비용까지 엄마 허리는 휘청한다.

이의 연장선에서 차상위 해당자 바로 1% 위의 비해당자는 그럼 어떤 선택을 해야 하는지 생각해보았으면 한다. 수입을 늘리기 위해 더 노력해야 할지, 아니면 차상위 99% 이내에 들도록 적정한 소득을 유지해야 할지를 선택해야만 하는 것인가?

그 사각지대에 대한 대책을 누군가 제시해 주었으면 좋겠다. 경제적으로 지원받기 위해 자신의 가능성을 내려놓아야 하는 일이 생긴다면 이 또한 사회적 손실이 아닐까?

보편복지가 언제, 어디에서, 누구에게 주어져야 하는지 현장을 연구해주길…. 제발 촘촘하게 살펴봐달라는 나의 작은 목소리에 귀 기울여 주었으면 좋겠다.

내가 직접 당해보았고 이제 한숨 돌리고 보니, 나와 같은 상황에서 힘들어하는 다른 사람들을 위해 하는 말이다.

그들과 마음으로나마 함께하고 싶다.

아이가 1학년일 땐 나도 1학년이고 3학년일 땐 나도 초등 3학년인 것 같더니 고3인 지금은 나도 이제 어른이 된 것 같다.

고1 겨울방학에 주민등록증을 받아들 때 난 너무도 감격스러웠다. 아이도 나도 처음 살아가는 하루하루를 나름의 방식으로 버텨왔다.

잘 버텨준 아이가 너무나 고맙다.

우리 둘은 어느 시점부터인가 어려웠던 시절, 그 고통의 가치를 인정하고 받아들이며, 편안함과 안정을 적당히 누리며 살 줄 알게 된 것 같다.

여자 혼자라서 힘든 것?
결국은 돈이다.

남편 없이 애 딸린 여자가 홀로 세상에 던져진 채 살아간다는 것. 그 상황에서 제일 중요한 게 무엇인지 묻는다면?

나는 주저 없이 그건 "돈이야"라고 답한다.

물론 사람마다 다를 것이란 것도 안다. 하지만 비어있는 쌀통, 아이 학교에 낼 체험학습비, 아이 먹일 치킨 값, 차를 움직일 주유비가 필요했다.

홀로된 당시엔 서울 집 융자금이 그대로 남아있었고, 남편의 직장 생활이 힘들어지면서 불규칙한 수입으로 버티다 만들었던 마이너스통장이 있었다.

남편이 만들어 놓은 부채도 짐작은 하고 있었지만 묻지도 따지지도 않았다. 다만 남편이 떠나고 혹시나 있을지 모를 부채

등 경제적 문제 때문에 법률구조공단을 찾았었다.

시댁은 친정과 문화가 달랐다. 이해되지 않는 부분들이 꽤 있었다. 집안의 가풍이나 분위기가 다름을 이해하며 사는 게 당연하다고 생각했다. 그래도 내가 좋아하는 분들도 있다.

한 분은 장례를 치르는 내내 곁에서 챙겨주시던 약사이신 숙모님, 또 한 분은 장례식장에서 지내던 마지막 밤 서류봉투를 들고 오신 교수 삼촌이다.

내 눈에 두 분은 늘 지적이고 현명했다.

교수 삼촌은 말씀하셨다. "준이 엄마 힘들겠지만 무조건 이것부터 했으면 좋겠다. 응? 혹시 아이 아빠에게 내가 모를 부채가 있을 수도 있어. 그러니 집에 돌아가거든 이 서류를 읽고 앞에 따로 정리해 적어 둔 과정대로 움직이는 게 좋아."

적어도 그때 생각엔 30대 중반인 아들에게 유산을 남겼을 리도 없었고, 혹여 문중에서 자동 승계되는 유산이 있으니까 그 지분을 포기하라 하라는 것인가 싶기도 했지만….

그땐 그걸 찬찬히 생각해 볼 경황도 없었고, 그럴 분들은 아니었다고 본다.

다만 짧은 결혼생활 동안 내가 아는 한 시 어른들은 우리

부부가 경제적인 부탁을 하지 않도록 그래서였는지 없다는 소릴 자주 하셨다.

"우린 괜찮다. 너희들이나 잘살아라."

겉으로 보기엔 시댁은 경제적으로 여유가 있어 보였으니 그 말은 우리한테 돈 이야기를 하지 말란 것으로 들렸다.

그러시니 나 역시도 그분들에게 도움을 청하고 싶지 않아 돈 이야기를 한 적이 없다. 서울 집 매입 자금도 은행과 친정집에 돈을 빌렸기에 내 명의로 했다. 어쩌면 나도 신경 쓰지 말라는 뜻에서였다.

나는 교수 삼촌 말씀을 따랐다. 그저 시키는 대로 하고 일단 여길 벗어나고만 싶었다. 화장실에 언제 갔는지, 다리에 힘을 내어 바람을 좀 쏘여야겠다 싶었다.

바깥 화장실에서 손을 씻다 우연히 거울에 선 나를 보았다. 머리엔 흰 리본을 달고 상복을 입은 초췌한 여인을 보았다. 눈물이 주르륵 흘렀다.

아이가 떠올랐다. 혼자 남겨 놓고 나올 때 잠든 아이 모습이 떠올랐다. 나는 아이를 까맣게 잊고 있었다. 친정엄마와 통화를 했지만 무슨 얘기를 했는지 생각이 나질 않는다.

지금도 여전히 당시 기억의 일부가 없다. 그곳엔 어두운 방안 구석에 쭈그린 채 앉아있는 초췌한 모습의 그녀만 있다.

집에 돌아왔을 때, 결혼예물을 정리해서 카드 대금을 해결하고 생활비에 보탰다. 아이 아빠가 소중히 여겨 이사 때마다 끌고 다녔던 튜바도 길을 지나가던 악기 구입 차량에 헐값으로 넘겼다.

보험을 해약해서 아이 유치원비를 냈다. 가진 것 중 돈이 될 만한 것은 다 팔아 돈으로 만들었다.

그때 내 수입은 백만 원 남짓이었기에 아빠를 닮아 청각이 발달한 아이의 재능을 길러주기 위해 매주 데리고 다닌 야마하 작곡 클래스도 그만뒀다.

내 머릿속은 오로지 한 달 또 한 달을 넘겨야 하는 일 생각뿐이었다.

떠난 남편의
잔상 정리하기

갑자기 찾아온 특별한 일상을 살아야 했다. 연애 시절 남편은 017 전화기를 내게 쥐여주었다. 이 전화기론 자기와만 통화하자며…. 두 대를 가지고 다니던 나는 결혼하면서 원래 사용하던 011 전화는 정리했다.

그가 떠난 2009년 봄 나는 여전히 그가 연애 시절 개통해준 번호를 사용했다. 얼마간 남편에게 연락 올 지인들을 위해 남편 전화를 해지하지 않았다. 지인들에게 그의 부재를 알리기라도 해야겠기에….

모르는 여자에게 온 문자도 있었다. 시어른은 친구라고 얼버무렸다. 세상을 등진 남편의 여자관계를 신경 쓰는 내가 우스웠다.

난 그녀에게 남편의 전화로 문자 답장을 보냈다. 아이 아빠에게 일어난 일에 관해 적어 보냈다. 그리고 보니 남편의 사생활에 크게 관여하지 않았다. 사용하던 내 전화가 남편이 개통한 번호이기에 남편 번호를 해지하니 내 전화도 정지되었다.

본인이 있어야 한다는데…. 본인이 없으니. 나는 통신사에서 알려준 대로 사망확인서를 떼어 제출해 새 전화기를 개통했다.

얼마간 기존 전화번호로 오는 전화 받을 수 있는 신청도 가능했지만 나는 공부방 학부모와 아이 유치원 담임 선생님 그리고 가족에게만 바뀐 번호를 알렸다.

학교 동창들과도 그 뒤 연락이 끊겼다. 아니 일부러 차단했다. 친정집에 물어 연락이 온 적이 있지만 나는 그들 앞에 내 모습을 보이고 싶지 않았다.

모임에 나가지도 전화도 받지 않으니 더는 연락은 오지 않았다.

아이 보험을 들거나 백화점 신용카드를 만들고자 할 때도 남편의 동의가 필요했다. 내 얼굴은 발갛게 상기되었다.

남편의 전화 한 번으로는 카드발급이 되지만 그렇지 않다면 이런저런 추가 서류가 필요하다고 한다. 상한 마음으로 그 자리에서 일어섰다. 물론 그들의 잘못은 아니다. 소수에 대한 배려가 없는 시스템이 문제라고 여겼다.

　나는 시댁과 그럭저럭 좋은 관계를 유지했다. 내가 이해하면 되었고, 몸만 좀 힘들면 그뿐이었다. 그러나 남편을 떠나보낸 후 그쪽 어른들이 나를 경계했다. 언젠가 떠날 거란 생각 때문이었는지 모르겠다. 그래선지 아이 몫의 지원도 없었다.

　간혹 하나뿐인 핏줄을 볼 요량으로 대전을 찾긴 했지만, 그때도 불필요한 물건들을 챙겨오곤 하셨다. 좁은 공부방 집에 잔뜩 쌓아놓고 가셨다. 나는 그것들을 좁은 다용도실 구석구석에 정리하느라 더 힘들었다.

　그래도 가시는 길 늦으셔서 어쩌냐고 걱정의 말을 건네는 내게 시어머니는 이리 속을 뒤집어 놓으신다.

　"난 느그 아부지 있으니 괘안타.

　둘이 여행 삼아 가면 된다.

　느그 아부지가 운전하고 난 옆에서 자는데 뭐…."

　'여행해서 좋으시겠다. 둘이라서 참 좋겠다. 나는 당신들마저도 참 부럽습니다.' 배웅하고 걷는 발걸음은 더욱 무거웠다.

　그녀는 대전에 오는 날 언제나 얼마의 현금을 주머니에서 꺼내어 나와 아이 앞에서 손가락에 침을 바르며 세고 내 손에 쥐여주며 말했다.

"딴 데 쓰지 말그래이."

차라리 딴짓할 만한 정도의 금액이면 좋으련만….

언젠가 친정 오빠가 물었다. 남편을 보낸 몇 달 뒤였던 것 같다. 본가 어른으로부터 돈은 좀 오는지 궁금해 했다.

아마 양육비를 말했는가 보다. '그들은 그럴 계획이 없는 것 같다고, 앞으로도 그런 기대는 하지 않는다'라고 나는 담담히 대답했다.

오빠는 화를 내며 말했다.

"지나야, 네가 섭섭하겠지만 준이 본가로 보내라. 그런 사람들은 혼쭐이 나야 한다."

오빠는 내 아이를 태어난 날부터 끔찍이도 예뻐했다.

그런 오빠가 이런 말을 한다.

"오빠 난 괜찮아, 이게 더 편해.

그리고 너무 속상해하지 않았으면 좋겠어."

아이는 그들의 아이가 아니고 내가 낳은 내 아이이니까 키

위야 하는 책임 또한 내게 있다고 말했다. 당연한 거 아닌가?

하지만 나는 그제야 알았다.

사별이 이혼보다 못한 것이라는 것을 ….

이혼은 양육비에 대한 법적 구속력이 있지만,

사별은 남겨진 빚마저 떠맡는다는 것을 ….

남편이 남겨 놓은 모든 것은 내 책임이라는 것과,

그리고 아무도 나를 도와줄 의무 따윈 없다는 것을 알았다.

그들이 왜 내게 경제적 지원을 하지 않는지 나를 제외하고 모두 궁금해 했지만 난 그걸 생각해 볼 틈도 없었다.

시부모에겐 아이에 대한 법적 권리가 있을 뿐, 양육의 의무는 없다.

아무튼, 법은 그런가 보다. 잘 모르지만, 알고 싶은 마음도 없다.

상처로 인해 시댁과도
거리를 둘 수밖에 없었다.

시간이 흘러 아이가 6학년이던 해 5월 그날도 우린 기차에 몸을 싣고 시댁으로 향했다. 그날이 그분들을 찾아뵙는 마지막 여정이라고는 생각하지 않았다.

평소처럼 기차역 가까운 남편 외가에 들러 인사를 드렸다. 안부 절을 올리고 앉은 자리에서 교장 선생님을 지낸 남편 외할 아버님의 일장 훈계가 시작되었다.

아이에게 네 아버님 이름이 뭔지 아니? 한자로 쓸 수 있니? 네가 몇 대손이니? 등등 물으시면서 내게 아이를 잘못 키운다며 야단을 하셨다. 한참이나 긴 시간 우린 그 자리에서 불편한 마음을 감추며 앉아있었다.

'자기 딸인 시어머니를 살갑게 챙기지 않는 내게 섭섭하셨나 보다.' 생각하며 나는 어른의 말씀을 잠자코 들었다.

아이와 나는 아빠의 부재를 인정하면서 살아가고 있지만 그 일, 자고 나니 엄마와 아빠가 갑자기 없었던 일에 대해 서로 말을 꺼낸 적이 없었다.

물론 잘하는 일인지는 모르지만 나는 자연스럽게 해소될 날이 오리라고 믿었고 그날을 조심히 기다렸다. 은연중에 아빠의 죽음에 대해 말하는 것은 우리 둘의 금기였다. 우리 둘뿐만 아니라 친정 식구들도 모두 금기사항이 되었다.

아이가 스스로 아빠란 단어를 먼저 꺼내기 전까지 우린 암묵적으로 그 단어를 꺼내지 않기로 했던 것 같다.

노 할아버지의 훈계가 끝나고 나오면서 무릎을 꿇고 어른의 말씀을 들어 준 아이의 손을 꼭 잡았다. 아이도 내 손에 힘을 더해 잡았다. 그러고도 몇 군데 더 어른들을 찾아뵙고 인사드리고, 그렇게 시댁 어른들이 쥐여준 아이 주머니 속 용돈을 받아들고 우린 집으로 향하는 기차에 탔다.

그날 이후 아이는 힘들었던지 몸살을 크게 앓았다. 아이가 나은 후 이야기했다.

"엄마가 어른으로서 이성적으로 네게 말해주어야 하는 건

알지만 엄마는 우리가 이제 대구로 내려가거나 그분들을 만나는
일은 그만하면 어떨까 생각하는데….”

　아이도 고개를 끄덕였다. 그래서 우린 그 후 시어른을 뵈러
내려가는 일은 더는 하지 않았다.

　남은 자식으로서 도리도 중요했지만 우린 아플 만큼 아팠고
더는 다칠 마음도 남지 않았다. 그들로 인해 다시는 아파질 이
유도, 다칠 이유도 없었기에 담담하게 그만둘 수 있었다.

　잘 도착했다는 메시지를 남긴 후 내 전화기에서 아이 할머
니의 번호를 차단했다. 근무 중에도 전화를 걸어 내 평정심을
자극하는 걸 참는 일은 더는 그만하기로 했다.

　마음을 다스리려 수업을 마치고 근처 공원을 늦은 밤 한 시
간씩 돌던 내게 그 이후 시어머니는 전화를 걸지 못했다. 담담
히 살아가는 내가 밉다고 독하다고 소리치는 소리도 전화에 대
고 목 놓아 우는 소리도 더는 듣지 않아도 되었다.

　그렇게 남편이 없는 7년간 한결같았던 일정을 접었다. 나는
독해야 했다. 감정 따윈 지운 채 살아가야 했다. 그래야만 아이
와 먹고살 수 있었다. 내 SNS 프로필엔 그 흔한 아이 사진을 올
리지 않는다.

단둘이 떠난 일본여행 사진을 끝으로 아이사진을 올리지 않는다. 아니 올렸던 사진조차 모두 지웠다.

그들이 자라는 내 아이를 보는 게 싫었고 귀찮고 두려워서다. SNS 사진 속에서 아이를 발견하고 어떠한 형태로든 그들끼리 얘기가 오고 갈 것이 두려웠다. 아는 척할까 싫었다.

사람에게 독해져야 하는 일만큼 어려운 일도 없는 것 같다. 떠난 남편을 잊으려, 우리를 내버려 두는 시어른들에 대한 미움을 잊으려, 그리고 아픈 내 마음을 다스리려 근처 공원을 매일 밤 돌았다.

그럴 때면 무심히 지나는 사람들, 사이좋게 운동 나온 가족들, 그리고 손잡고 다니는 부부들이 보인다. 그들 주변을 외롭게 맴도는, 부러워 미치겠는, 그런 내가 보였다.

속으로 삼킨 눈물도 많았다. 억울했고 속상했다. 도저히 견디기 힘들 땐 아무도 다니지 않는 동네 아파트 구석을 돌며 힘들었던 마음을 비우기도 했다.

세상에 나만 힘든 건 아닐 것이라고 나 스스로를 몇 번이고 다독였다.

아이와 해외여행….

이제 한숨 돌렸다는 인증!!!

살림이 조금씩 피고부터는 매년 돌아오는 여름휴가를 좀 더 멀리에서 보내고 싶었다. 그리고 아이와 그동안 못해본 기억을 만들고 싶었다. 아이 중1 여름휴가엔 인터파크 패키지로 상해를 다녀왔다.

우리에겐 아빠와 함께 떠난 태국이 마지막 해외여행이었다. 아이의 기억엔 없을 정도로 까마득한 추억이니 인천공항을 향하는 버스 안에서 나는 내게 그간 고생했다고 칭찬해주었다.

동방명주를 오르고 배를 타고 수향마을을 일주하고 옛 거리에 있는 스타벅스에선 연습한 서툰 중국어로 유자 아이스를 시켜보기도 했다. 황푸강 유람선에서 화려한 상해의 야경도 바라보았다. 교과서에서 보았던 임시정부도 직접 보았다. 우리는 밤이면 숙소를 나와 둘이 손잡고 도심을 걸었다. 아이는 정말로 즐거워했다. 나는 행복했고 감사했다.

그다음 해엔 유명한 블로거들이 추천하는 여행지를 검색해 보면서 자유여행에 도전했다. 스마트폰 애플리케이션을 이용하여 항공권과 호텔도 예약했다. 그리고 일본행 항공기에 몸을 실었다.

와이파이 도시락을 배낭에 넣고 번역기와 구글 지도를 검색하며 오사카, 교토, 고베를 이리저리 돌아다녔다. 전철과 버스를 이용할 수 있는 교통권 패스를 구매하여 아쉽지 않을 만큼 우리는 열심히 돌아다니며 먹고 또 구경했다.

한큐역 완행에 몸을 싣고, 타고 내리는 평범한 사람들, 차창 넘어 보이는 고즈넉한 마을의 일상, 따사로운 햇살을 받기 위해 아파트 베란다 펜스에 널어놓은 알록달록 색깔의 이불마저도 영화 속 한 장면 같았다.

비행기 연착으로 저녁 늦게 도착한 오사카 호텔 근처에서 아이와 먹을 라멘을 고를 때는 피곤함도 잊고 설레던 우리 둘 모습도 여전히 그곳에 있었다.

여행 첫날 먹은 일본 라멘 맛은 꿀맛이었다. 우린 행복을 맘껏 들이켰다. 기타노이젠칸 거리를 거닐다 만난 스타벅스에서 마신 시원한 아이스는 상해에서의 느낌과는 또 다른 느낌이었다.

우리는 충분히 잘 놀 줄 알게 되었다. 전철역 지도를 보고 난바역에 내려 아이가 좋아하는 원피스 만화책을 사고, 구글 지도를 열어 대형 매장을 찾아내어 피규어를 고르며 재밌어하는 아이의 모습을 보면서 지갑이 열리고 열려도 아깝지 않았다.

뭐든 보고 어디든 걸었다. 떠나오기 전날 밤 아쉬움에 밤 쇼핑을 다니면서 먹은 길거리 간식이 너무나 감동적이었다. 한 없이 즐거웠고, 아이도 나도 살아있음에 행복했다.

엄마의 일이 동네 아이들을 상대하는 일이다 보니 늘 조심 해야 했고 다른 친구들처럼 갖고 싶은 게 있어도 참아야 했던 아이는 이제 안정을 찾은 모습이었다. 아마 내 모습도 그랬을 거다. 나는 늘 아이 얼굴에서 내 모습을 본다.

아이가 초등 3학년 되던 여름, 나는 드디어 빚에서 탈출했 다. 엄마를 모시고 부산으로 자축여행을 떠났다. 그날 밤 엄마께 대출금 완납 통장을 보여드렸다.

우린 묵묵히 고개를 끄덕이며 서로를 바라보며 감사함의 눈 빛을 나누었다. 엄마는 조용히 나를 안아주셨다.

젊은 날 고생하며 살아본 엄마는 내 고통을 잘 아셨을 거다. 내가 누구에게도 도움을 청하지 않고 일어서는 모습을 묵묵히 지켜봐 주신 엄마 마음도 이해하게 되었다.

먼저 손 내밀어 도와주려 하지 않은 엄마에 대해 섭섭함은 나 자신을 스스로 일으키는 힘이 되어준 그거로 생각한다. 어설픈 도움은 누구에게도 진정한 도움이 되지 않음을 나는 안다.

어떻게든 아이 초등학교 졸업 전 이 상황을 벗어나려고 노력했다. 바닥 저 끝에서부터 끌어올려야 하는 힘, 삶에 대한 의지, 그것을 만들어내기까지 얼마나 수고로움이 많은 것인지 알게 되었다.

내 수당도 공부방 오픈 3년을 지나면서 궤도에 올라서기 시작했다. 전국 3천여 공부방 순위 100위 안에 들기 시작했을 즈음이었다.

회사와 함께 나도 성장하다.

본사의 교육 프로그램은 입문교육 4박 5일 과정이다. 현재는 3일 교육으로 줄었지만, 그 당시엔 그랬다. 이 외에 1박 2일 일정의 1년 차 프로 교육, 3년 차 리더 교육, 그리고 7년 차 마스터 교육으로 이루어진다.

주임 교사 교육은 연 2회이며, 교사의 니즈나 교육 시장 변화에 따른 맞춤 교육 등, 내 생각에 교사들을 위한 교육은 우리 회사가 단연 최고라 생각이 든다.

나는 처음부터 이 시스템이 마음에 들어 입사했기에, 가능하면 많은 교육을 받고 싶었다. 나처럼 마스터를 지나 주임을 하면서 회사와 함께 성장해 온 교사라면 더욱 그래야 한다고 생각한다.

본사가 주관하는 교육 외에도 영업국별로도 교육은 엄청나게 많다. 원하는 교육을 들을 수 있는 이 시스템은 신입 교사뿐만 아니라 기존 교사의 공부방 운영에도 많은 도움이 된다.

2008년 4월 입사한 후 40분짜리 작은 교육과 영업국 사례발표 등을 시작으로 나의 강사 이력은 시작되었다. 3년 차 교육대상자이지만 연수원에 입소하기 전에 본사로부터도 사례발표를 요청받았다.

성공적인 공부방 운영에 관한 주제로 1년 차 교사들에게 성공적인 공부방 운영 노하우와 사례 등의 정보를 제공하고 그들을 독려하는 역할을 해왔다.

새로운 시스템이 도입되거나 기존사업프로그램이 업데이트될 땐 교사대표로 교사 입장을 충분히 수용할 수 있도록 온라인 사업부(**.com) 팀에 합류해 제안과 현장 적용 효용성 등을 협의하는 과정에 참여했다.

초등 수업 준비에 감을 잡을 무렵부턴 중등수업도 잘하기 위해 열심히 공부했다. 아직 유치원에 다니는 아이에게 변변한 환경도 제공하기 어려운 상황이었지만, 소중한 아이를 맡긴 부모님의 마음을 생각하니 조금도 소홀할 수 없었다.

문제가 있는 아이가 상담을 와도 마다하지 않았다. 힘들거나 번거롭다는 이유로 거절하지 않았다.

물론 내가 힘들다고 가릴 형편도 아니었지만, 그보다는 그

부모와 아이의 마음에 한 번 더 상처를 주고 싶지 않은 마음에
서였다.

그런 마음가짐 때문인지 중등부 학생이 늘기 시작했다. 대
부분 학생의 수준은 중등 수학을 공부하는 중에도 초등 분수나
방정식으로 공부 시계를 되돌려 짚어준 후 다시 중등 진도를 나
가야 했다. 하지만 나도 그런 중학생 시절을 보냈기에 이해할
수 있었다.

"쌤도 너처럼 이 문제 정말 이해가 안 되었었지.

그런데 이렇게 하니까 절대 안 잊어버리더라.

걱정하지 말고 쌤 말만 믿고 따라와 봐."

때론 공부가 어려웠던 내 지난날이 우리 아이들이 공부하는
데 있어서 도움이 되었고, 그 아이들에게 작은 위로와 희망을
주는 것 같다. 기초가 턱없이 부족한 중학생을 상담할 때면 기
초부터 또 한 번 아이와 함께 공부하는 좋은 기회라고 생각한다.

나는 아이를 위해 그리고 더 나은 선생이 되기 위해 차근차
근 공부해 나갔다. 나를 믿고 나만 바라보는 소중한 아이들을
내가 외면하면 어디서 위안을 받을까 싶은 마음에 일단 해보기
로 한다.

일단 해보면 그 상황을 헤쳐나가는 방법도 찾게 되고, 그러면 성공도 따라온다고 본다. 시동 버튼을 눌러야 엔진이 돌아가고 라이트가 켜지는 것과 같은 이치라고 할까? 아이의 성장을 함께 지켜보는 일만큼 보람 있는 일이 어디 있을까?

내가 입사할 무렵부터 회사는 온라인 수업에 역점을 두었다. 그래서 수업과 온라인 교재를 일체화시키고, 현장에 있는 교사들이 지도하기에 편리하도록 시스템을 보강했다.

그리고 범위를 넓혀 중등 온라인시스템을 강화해 나갔다. 그 현장에 나도 함께할 수 있었다. 교재를 연구하고 온라인과의 연계성을 검토하고 회사는 현장의 목소리에 귀 기울였다.

당연히 회사 측에서도 교사의 의견이 필요했겠지만, 온라인 사업부(**.com)와 상무님 그리고 교사가 한 자리에 마주하고 열정을 불태웠던 그 자리는 내게 있어 회사에 대한 신뢰를 더욱 강하게 만들어준 기회였다.

그 자리에 함께할 수 있다는 사실만으로도 부듯했다. 사실 누구에게나 쉽게 주어지지 않는 기회였다. 운 좋게도 그 무렵부터 공부방은 안정기에 접어들었다. 이제는 어떤 변화에도 적절하게 움직일 자신감이 있었기에 회사의 혁신에 흔들림 없이 한 단계 한 단계 발맞추어 성장할 수 있었다.

회사가 성장함에 따라 나도 성장했다. 내겐 특별한 선물이다. 내가 특별해서가 결코 아니다. 회사의 제안에 기꺼이 동참하는 까닭은 내게 성장의 발판이 되어준 회사에 대한 애정과 감사함을 작게나마 표현하고 보답한다는 의미에서다. 그리고 회사에 도움이 된다면 더욱 기쁜 일이다.

그래서 나는 시간을 쪼개고 쪼개 잠을 줄여가며 회사의 요청에 기꺼이 응하고 회사의 요구 사항을 반영하여 최선을 다해 준비한다. 단상에 오를 때 나는 그 순간만큼은 회사의 상품이 된다. 가치 있는 상품이 되기 위해 그리고 최대한 교사들에게 부합하는 내용과 현실적인 이해도를 높여 내 강의에 몰입할 수 있도록 나의 모든 역량을 쏟는다.

나는 회사의 브랜드이고 이미지다. 그것이 나를 성장시킨 회사와 함께 성장하는 기회라고 생각한다. 그렇게 3년 차부터 시작한 본사 교육 강의는 어느새 10년을 넘게 지금껏 해오고 있다. 그사이 크고 작은 강의를 많이 했고, 다양한 주제로 원고도 썼다.

본사 강단에 서다.

2011년 본사로부터 첫 강의 요청을 받았을 때 난 믿을 수가 없었다. 내게? 내게 왜? 수업은 밤 9시가 넘어야 마무리되었고, 늦도록 허겁지겁 채점이나 교재 연구하느라 급급한, 더구나 아이를 키우는 나 같은 아줌마에게 강의 요청이라니….

매일 반복되는 일과로 녹초가 되어 잠들었다. 내가 한 일이라곤 어떻게든 결근은 하지 않고 맡은 일이나 간신히 하는 게 전부였다. 다른 건 생각해 본 적 없는 내게 이런 제안은 너무나 신선했다. 그동안 잊었던 도전정신이 몽글몽글 솟아올랐다.

첫 강의라 인재개발팀에선 한 달여의 준비를 위한 충분한 시간을 주었다. 나는 지점장님의 조언에 용기를 내어 도전했다.

'성공적인 공부방 운영'이란 주제였고, 2주간 틈틈이 정리한 원고를 인재 팀에 보냈고 간단한 수정을 거쳤다.

입사 1년 차 교육생들 앞에 섰던 순간이 떠오른다. 200여 명의 눈빛이 나를 바라보고 있었다. 첫 강의는 단순히 사례발표였기에 강의 대에 원고를 올려놓고 한 줄 한 줄 읽어나가기만 하면 되었다.

운영팀에서 코치한 대로 난 과하지 않은 모습으로 내 사례를 전달했고 정해진 시간에 첫 강의는 무사히 마쳤다. 긴장을 많이 해서인지 무사히 마친 것만으로도 감사했다.

나는 그 뒤 4년여간 '프로 교육' 사례발표에 단골 강사로 초대되었다. 횟수가 늘어날수록 강의에서 내 언어 한 개 한 개를 전달하는 법을 익혔다. 강의하는 날에는 인재개발팀과 강사는 하나가 된다. 강의하러 본사 교육장에 도착하고 인재개발팀원들과 마주하는 순간 눈빛으로 신뢰를 주고받는다.

단상 앞쪽에 자리하고 앉아 내 차례를 기다릴 때면 기분 좋은 긴장감을 즐긴다. 기대감과 적당한 떨림에 희열을 느낀다.

본사가 제안하는 주제에 따라 원고를 작성하고, ppt로 자료를 만들고 강의실에서 교육생들과 공유했다.

강의 중간 쉬는 시간이나 강의를 마친 후 궁금한 점이 있는 교사들이 종종 줄을 서서 질문하기도 한다. 내 말 한마디 한마디를 경청해 듣고 때론 본인의 막막함을 해소하기도 했다.

　나도 그러했기에 그들이 어떤 답을 듣고 싶어 하는지 잘 안다. 나도 그들처럼 교사이기에….

　이젠 내 강의는 담당 부서에서도 믿고 맡긴다. 잘해줄 것으로 믿는다고 한다. 주의사항이나 부탁도 따로 없다. 내가 어떻게 할지를 이미 알고 있기 때문이다. 나는 그들의 믿음에 보답한다.

　내 강의를 듣기 위해 교육장에 모인 전국 교사들의 시간이 헛되지 않게 하려고 열심히 준비한다. 강의내용을 확인하고 또 확인한다.

　사업하는 사람은 여러 현란한 말로 자신을 알리는 게 아니라 〈숫자〉로 말해야 한다. A4 한 장으로 되어있는 전국 100위 그룹은 세로로 둘로 나뉘어 왼쪽에 상위 50위까지 나열되어 있다.

　바로 우리의 성적표다. 나는 비록 1위는 아니더라도 대체로 왼쪽 상위 그룹에 속한다. 두드러지게 월등하진 않지만 그래도 전국 100위권 안에 꾸준히 든다.

나를 붙들어 준 것들….

　지금도 성과적인 측면에서 예전 한창일 때에 비해 크게 다르진 않으나 일복이 넘쳐나던 그때를 생각하면 누군가가 좀 더 좋은 상황으로 나를 끌어당기는 것 같은 느낌을 받았다.

　내가 힘들었던 시절 적어도 내겐 바이블과 수십 번을 반복해 읽었던 한 권의 책이 있다. 론다 번의 〈The Secret〉이다.

　우연히 이 책을 접하게 되었지만 내게 희망이 되어준 친구다. 한동안 잊고 지냈던 이 책의 존재와 내가 경험했던 그 법칙의 기억을 꺼내 본다.

　이 책에서 비밀이란 바로 '끌어당김의 법칙'이다. 책의 저자가 얘기한 것처럼 결국 세상은 인간이 갖는 정신에서 비롯된다는 것이다.

　나도 그것을 경험했고 목격했다. 내가 그 시기 느꼈던 바로 그 끌어당김이었다.

'내 마음에 어떤 생각을 품고 있다면, 그것은 결국 내게 끌려온다.' 그 책을 보고 나서의 자그마한 희망이 나를 움직인 것 같다.

그 이후 난 내게 주어진 모든 일에 감사한 마음을 가지려고 애썼다. 그런 감사한 마음으로 인해서인지는 몰라도 언제부터인가 감사할 일들이 줄줄이 따라오는 것을 느꼈다.

그 책엔 또 주파수 이야기가 있다.

생각은 자석이고 생각에는 주파수가 있어서 그 주파수를 이용하여 신호를 보내면 그 전파가 나의 인생을 만들어낸다는 논리였다.

카드명세서를 생각하면 빚이 따라오고, 돈을 기대하면 그 청구서는 돈으로 바뀌어 온다. 그러니 청구서는 그만 생각하고 돈이 오는 생각을 해보자.

돈도 어렵고 힘들게 고생해야 버는 것으로 생각하면 그렇게 해야만 들어오고, 쉽게 시시때때로 들어온다고 생각하면 그렇게 된다고 했다.

그리고 원하는 것을 기대하고 원하지 않는 것은 생각하지 말자고 했다. 감사함을 몸에 밸 때까지 실천하라는 문장도 보았다.

난 그 말을 믿고 바로 실행에 옮겼고, 그래서인지 지금까지 감사함으로 살고 있다. 어느덧 책의 지침을 잊고 돈은 무조건 몸을 쓰고 고생해서 벌어야 하는 거라고 살고 있었는데….

다시 내 생각을 고쳐본다.

그 책으로 인해 내가 어떻게 그 기나긴 어둠을 지나 지금에 서 있게 되었는지 깨닫게 되었다.

'오늘이 행복하면 내일도 행복하고 그러면 다가오는 인생도 계속 행복할 수 있다.'

누군가의 말이 떠오른다. 다시 떠오른 법칙을 오래오래 기 억하며 좋은 것만 끌어당기며 살아가야겠다.

지금도 저만큼 뒤에 감사할 일들이 기다리고 있다는 것을 느낀다.

할 수 있다는 마음이
대티를 스타로 만든다.

　많은 강의를 했고 모두 마음을 다해 내 강의를 듣는 교사에게 도움이 되고자 했다.

　2014년 12월 크리스마스이브 토요일 10시부터 오후 4시까지 이어진 회사의 개편된 중등 사이트의 이해와 중등 공부방 운영을 테마로 한 1인 특별강의가 있었다. 흔하게 있는 정규강의가 아닌 만큼 본사 교육팀은 분주했고 나도 강의 한 시간 전에 장소에 도착했다.

　교육팀 총괄 정일용 부장님의 환대와 오랜 시간 함께한 가족 같은 교육팀 직원들은 잘해보자는 눈빛을 교환했고 일정을 브리핑받았다. 마치 내가 연예인이 된 것 같았다.

　오전 1부는 중등 사이트 소개 및 사이트 강의이고, 오후 2부는 이 사이트를 현장에 접목하여 효과적인 공부방 운영 전반에 관한 강의였다.

같은 해 입사한 110기 동기 그 당시 본사 김종환 대리와 나는 팀이 되어 서로 도우미가 되어주었다. 강단에 서서 리허설을 할 때 이어 마이크를 설치해주고 스피커 벨트를 채워졌을 때 드디어 시작이었다. 나는 그 순간 오늘 강의가 어떨 것이라는 것을 예감했다.

마이크 점검과 동선까지 리허설을 마치고 전국에서 강의를 신청한 200여 명의 교사가 입장했고, 나는 약간의 긴장감을 유지하면서 강단에 올랐다.

본사에서 제공한 자료를 바탕으로 한 달여 간 작업한 ppt 자료가 대형 스크린에 열리면서 나는 머릿속으로 여러 번 되뇌어 익숙해진 나의 강의를 시작했다.

물 흐르듯, 여러 번 했던 것처럼 적당한 템포를 유지하며 강의를 이어나갔다. 강의를 듣기 위해 모인 전국 교사들 앞에서 나는 자신 있게 한 파트, 한 파트를 매듭지어갔다.

조명이 나를 따라 움직였고 저 멀리 자리가 부족해 임시의 자를 펼치는 모습을 보며 지칠법한 시간이 흘렀음에도 열정이 더해졌다.

나도 저들이 어떤 마음으로 이곳에 함께하고 있는지 잘 알고 있기에 내가 그들이 되어 그 들의 눈빛을 읽어가며 집중하고 모든 걸 쏟아냈다.

점심시간엔 쏟아지는 질문에 저 멀리 나를 기다리는 점심시간을 놓칠 것 같다는 대리님의 신호에 강연장을 간신히 빠져나왔다.

나를 기다려주던 교육팀과 식당으로 걸어가면서 서로 고개를 끄덕이며 미소지었다. 강의가 어찌 되어가는지는 그걸로 알 수 있었다. 교육장엔 최선을 다해 도전하려는 교사들의 열기가 신나는 음악으로 이어가고 있었다.

2부부터는 내 이야기를 하는 시간이었다. 내가 해왔던 관련 자료를 공유하고 사례를 들어 현장에 직접적인 도움을 줄 수 있는 내용으로 만들었다.

긴 시간 강의임에도 전국 각지에서 모인 교사들의 모습에 나는 오후 5시 즈음 마지막 질문을 끝으로 강의를 마쳤다.

멀리서 자리를 함께하셨던 상무님은 흡족한 표정으로 악수를 건네셨다.

"수고했어! 정말 애썼네!"

인사를 드리고 돌아 나오는 출구에서 나의 첫 강사 시절부터 성장하는 모습을 지켜본 정일용 부장님의 한마디가 잊혀지지 않는다.

"김지나 선생님은 이제 이 바닥 프로가 다 되었네."

활짝 웃으며 격려해주시던 그 모습을 잊을 수가 없다. 10년 넘는 다양한 강의를 해오면서 그날 가장 반짝반짝 빛났던 나를 기억한다.

부장님의 믿음으로 나는 다년간 그 자리에 설 수 있었고, 나 스스로도 성장했다고 느낄 만큼 성장했다.

아이들과 함께하는 교사로서, 그리고 잠재되어 있던 강사로서 성장한 모습은 그간 내게 주어졌던 작은 강의들에 대해 나름의 최선을 다해 도전했기 때문이라 생각한다.

대타로 영업국 신입 OJT 국어 과목을 강의하는 날이 첫걸음이었다. 영업국에서 주문한 통합 조회 40분짜리 사례발표를 밤새워 빼곡히 정리해 준비하던 일….

그 뒤 셀 수 없이 많은 지점이나 영업국 발표와 강의에 성의껏 ppt까지 준비한 일….

참석한 교사들에게 들을 만한 내용을 주려 내 시간을 쪼개

어가며 준비했던 일들….

그 하나하나가 지금의 나를 만든 밑거름이었다는 걸 나는
안다. 내가 그들에게 필요한 것은 주려 애썼던 시간이 결코 그
들만을 위한 시간이 아니었음을….

결국은 내가 성장하는 길이었다.
나를 믿고 맡겨준 사람들,
그런 분들을 믿고 온전히 따랐던 나.

그들이 있음에 나만의 역사가 가능한 걸 나는 배웠다.

많이 힘들었다!
그래도 꾸준히 걸어왔다.

　그 뒤로 3년여 본사 신입 교사 입문교육 초등공부방 운영에 관해 교육했고, 1년여 쉬는 중 강의 의뢰가 올 땐 언제든 달려가 타 대타 강사가 되어주었다.

　지금 나는 다시 3년째 매월 '학습시스템 입문교육'을 맡고 있다. 한 장소에서, 한 지점에서, 그리고 한 회사에서 14년을 한결같이 아이들과 함께하면서, 교사를 위한 강의 또한 그만큼의 시간이 누적되었다.

　매월 3주 차 화요일 아침 6시 40분, 나는 시동을 켜고 홍익대 연수원으로 달려 8시 30분부터 두 시간 강의한다. 그리곤 12시쯤 공부방에 도착한다.

　연수원 강의가 있는 날은 당연히 온전한 밥을 기대할 수 없다. 다행히 나는 삼각 김밥과 바나나우유가 질리지 않는다.

뭐든 쉽게 질리지 않는 성격 탓인가 보다. 그렇게 십여 년을 지내온 익숙함에 내 몸도 그날은 온 에너지를 끌어올려 8시 수업을 마친 시간까지 잘 버텨준다.

그리고 새벽부터 진행된 하루 일정을 무사히 마친 데에 대한 감사함과 편안함으로 귀가한다.

늦도록 공부를 하고 자정이 넘어야 문을 열고 귀가하는 고3 아이는 엄마가 새벽에 나가는 모습을 기억하고 잘 다녀왔냐는 인사를 건네고 우린 반갑게 만난다.

우린 대체로 반갑다. 서로 바쁘게 하루를 지내는 우리는 함께하는 아침 식사가 유일하게 얼굴을 마주하는 시간이다. 아침 등교 이후 대부분 자정이 지나서야 서로의 안부를 확인하기에 대체로 반갑지 않으면 안 된다.

아이는 7살 이후 한동안의 시간을 기억하지 못한다고 말한다. 글을 쓰는 동안 나 역시 글자들에 의지해 기억을 더듬고는 있지만 때때로 몇 년간을 통째로 기억할 수가 없다.

스스로 기억을 버린 것 같다. 그러지 않았으면 살 수 없었나 보다. 눈을 감고 기억에 빠져들면 엉킨 실을 풀 때처럼 어느 순간 매듭처럼 뒤엉킨 부분들을 만나고 그 부분을 풀면 스르륵 그때의 일들이 생생해진다.

대구에서 남편과 이별하는 나흘을 보내고 교수 삼촌은 나를 공부방 집에 차로 데려다주셨고, 나는 무겁고도 무거운 발걸음을 힘겹게 끌고 눈물을 삼키고 또 삼키며 아파트 계단을 올랐다.

아이가 자고 있던 새벽에 매우 급하게 일어난 일이어서 내 머릿속은 온통 자고 있었던 아이, 아직 밝지 않았던 베란다의 어둠을 기억한다.

안에 들어섰을 때 입었던 옷가지를 빨래 바구니에 던져놓고 옷을 주섬주섬 갈아입고 학부모들께 잘 다녀왔노라 감사 문자를 보냈다. 나흘간 하지 못한 수업을 계속하기 위해 수업 준비를 했다.

어렵게 모집하여 꾸려가는 수업을 4일이나 비워 회원을 잃을까 걱정도 되었다. 그리고 더 쉰다고 나아질 일이 아닐뿐더러, 그렇게 하는 것이 하루라도 빠르게 일상으로 복귀할 수 있는 길이기 때문이었다.

절대 일을 그만두지 말라던 재형 선배의 말을 떠올리며 난 움직여지지 않는 멈춰버린 몸에 기름칠하듯 하나하나 동작을 기억하며 일상을 살아내기 시작했다.

처음 집에 도착하고 한동안 아무 생각 못 하고 지냈다. 남편을 떠나보내고 후속처리 할 일들로 머릿속이 꽉 차 있었다. 그리고 어느 정도 정리가 되어가는 시간이 되었을 때 집에 있었던 물건들이 사라진 흔적이 하나, 둘 눈에 띄었다.

늘 여닫던 옷장인데 그날 옷장이 텅 비어있다는 걸 알았다. 신발장으로 걸어가 신발장 문을 여니 그곳도 텅 비어있었다.

뭐가 없어진 걸까? 여기에 뭐가 있었던 거지?

한참을 서서 생각했다. 그 비어있는 곳에 있던 게 무언지, 그리고 누가 물건에 손을 댔는지 거슬러 생각했다.

그것은 남편의 옷가지와 신발들이었다. 그게 없어졌다. 그것들이 쏙 빠지니 텅 비었던 거다. 또 얼마 후 지나고 보니 책꽂이에 결혼 앨범도 액자도 보이지 않았다.

그의 흔적은 아이와 함께한 가족 앨범에서만 찾을 수 있었다. 내가 없던 며칠간 느닷없는 남편의 사망 소식을 듣고 아버지와 오빠는 장례식장에 내려왔다.

대전으로 발길을 옮기는 아버지와 오빠를 배웅하는 나를 모질게 안으로 들여보낸 무섭던 남편의 외할아버지 얼굴은 지금도 섭섭하기 그지없다.

지금의 내게 그러지 못하겠지만 당시 나는 어렸고 외손자가 먼저 갔으니, 내가 친정 가족을 배웅하는 모습마저도 불편했을 수 있었겠다 싶었다.

그날 엄마는 아마도 올케언니와 함께 집에 와서 그것들을 정리했던 것 같다.

그리고 오빠가 그걸 신고 엄마가 아들처럼 예뻐하던 남편의 옷가지를 태우고 보이지 않게 치웠으리라. 그저 내 짐작이다.

13년을 지내고야 이제야 당시 상황을 그려보게 된다.

얼마나 마음이 아프셨을까.

얼마나 목 놓아 우셨을까.

내 딸을 두고 떠난 사위를 얼마나 원망했을까.

얼마나 가여워했을까.

하지만 엄마도 나도 아버지도 단 한 번도 그 사건에 관해 묻지도 말하지도 않았다. 그에 관한 것은 우리 가족의 암묵적 묻힌 이야기가 되었다.

그냥 그가 없다는 사실만이 있다.

언젠가 한 번은 남편을 보낸 일을 이야기할 날이 오지 않을까 생각도 해본다.

그이 없이 살아온 13년 동안을 부모님은 그저 이러시기만 하셨다.

"우리 딸 정말 장하다. 네가 정말 대단하다."

나를 보면 항상 이 말씀만 하신다.

아이는 내가 없는 3일 동안 집에서 일어난 일들을 보고 느끼고 자신에게 일어난 변화를 알아챘던 것 같다.

그래서 49제 되기 하루 전 아빠에 관한 이야기를 듣고도 오히려 나를 안고 위로해 주었던 거 아니었을까?

하지만 묻지 않기로 한다. 그저 그대로 두기로 하자.

힘들 때마다
대견하고 고마운 녀석이다.

아이가 5학년 되던 해 나는 서울 집을 정리하기로 마음먹었다. 한 푼 두 푼 모은 1억 통장은 공부방과 살림을 분리할 자금으로 쓰기로 했다.

　아이에게 공부방 인생에서 새로운 인생으로 변화를 주기 위해 열심히 일하고 모은 보람이었다. 나는 아이에게 그곳에서의 고된 날들을 보상해주고 싶었다.

　집에서 공부방을 운영한다는 건 가게나 식당에서 살림하는 것과 별반 다르지 않다. 집에 돌아와도 마땅히 쉴 곳이 없다. 학생들 눈치가 보여 갈증이 나도 냉장고의 시원한 물을 맘껏 마시기도 쉽지 않았다.

　자존심 강한 엄마를 닮아 아이의 성격도 그러했다.

　종일 수없이 문을 여닫고 아이들이 오가고 엄마는 유치원

반부터 중 3반까지 9시가 넘어야 수업이 끝났고, 아이는 태권도 학원, 영어 학원을 스스로 혼자서 다녀온다.

낮에 사무실에서 돌아온 엄마가 급하게 싸놓은 차가운 도시락을 6시에 나오는 휴대폰 만화 한 편에 의지해 먹고는 엄마 일이 마칠 때를 기다리며 복도 쪽 작은방에 문을 닫고 한 걸음도 나오지 않고 지냈다.

마지막 학생이 현관문을 열고 나가는 소리를 듣고서야 아이는 문을 열고 나왔다.

과로로 수업 중 두 번이나 쓰러진 엄마를 본 아이는 스스로 참아야 할 이유를 찾았을지도 모르겠다. 그 생활이 유치원 6세 반부터이니 8년을 그렇게 살았다.

시세를 확인한 후 부동산에 적당한 매물을 부탁해놓았다. 처음 암담했던 상황에서 빚을 갚고 아이를 키우며 살림을 살아가며 마지막 남은 대출금까지 정리하니 아이를 해방시켜줄 계획이 생긴 거다.

처음엔 공부방 가까이에 구하려 했지만, 아이에게 새로운 환경에서의 동네 친구를 만들어주고 싶은 생각에 지점 출근과 공부방 그리고 아이의 학교 동선을 고려해 지금 사는 지역으로 결정했다.

아이의 요구대로 6학년을 잘 마치도록 이사 후에도 새벽에 차를 태워 20분 거리의 초등학교로 등교시키고 밤이 되어 함께 퇴근했다.

아이가 먹고 싶어 하던 치킨 한 마리도 사줄 형편이 되지 않아 구석구석을 뒤져 잔돈을 뒤져 값을 내었던 시절도 있었다.

한 푼이라도 모아야 했기 때문에 한 조각의 여유도 내게 주지 않고 살았던 시절이었다. 그랬기에 이런 꿈같은 일이 가능했던 것 아니었을까?

아이는 5학년 이후 훨씬 여유로워졌다. 단지 우리가 이사할 수 있는 자격이 되었다는 이유만으로 친구들 사이에서도 전보다 더 멋진 친구 노릇을 했고 친구들도 아이를 더 좋아했다.

내가 수업하던 타임에 따라 아이가 1학년부터 6학년까지 오랫동안 함께 수업을 받았기 때문에 친구 무리를 잘 알았고 학교 생활도 꽤 잘 알 수 있었다. 생각할수록 이 직업은 아이의 상태를 파악하기엔 더없이 좋은 직업이다.

6학년이 된 아이는 1년 전 처음 이사를 생각할 때 보다 훨씬 성장해 있었다.

몸도 마음도 엄마가 굳이 간섭하지 않아도 스스로 책임질
수 있을 만큼 자랐다고 생각했다.

　　그리고 아이에게도 그럴 기회를 줄 때가 되었다고 판단했
다. 그래서 아이가 가고 싶어 하는 중학교 근처로 이사했고, 아
이도 원하는 학교에 입학하게 되었다.

　　엄마가 없는 하루를 혼자 잘 지내기란 엄마도 아이도 서로
를 얼마만큼 신뢰해야 하는 건지 ….
　　돌이켜보면 아이의 모든 일상과 상황 자체를 담담하게 받아
들이기로 했던 내가 떠오른다.

아이는 엄마의 뒤를 보고 자란다

초등학교 다니는 내내 엄마의 직업이 공부방 선생님인 탓에 꼼짝없이 주변의 주목을 받을 수밖에 없었던 아이는 중학교에 입학하면서 자유 그 자체를 만끽했던 것 같다.

하지만 초등학교 다닐 때처럼만 하면 어지간한 점수를 받을 줄로만 알았던 시험은 망칠 것이 뻔했다.

중학생 형 누나들이 엄마한테 구박받으며 공부하는 모습을 평생 지켜본 아이로서는 도저히 엄마에게 성적표를 보여줄 수 없었을 것이다.

나는 아이가 성적표를 보여줄 마음이 생길 때까지 기다렸다. 중학교 다니던 내내 못 본 아이 성적표를 중학교 3학년 고등학교 지원서를 쓰면서 처음 볼 수 있었다.

그렇게 놀던 아이는 중2 여름방학 때부터 수학 과외를 부탁했다. 그리고 3학년 여름 아이는 상산고를 지원하겠다고 했다.

초등학교 입학하면서 오랫동안 해온 태권도는 4품이고 상산고엔 태권도 특별전형이 있으니 지원하겠다는 것이다. 처음으로 무언가를 해보겠다는 아이를 나는 무조건 응원했다.

내가 기다렸던 아이의 의욕적인 모습에 뛸 듯이 기뻤지만, 일부러 태연한 척했다. 아마도 3학년이 되면서 공부를 좀 했었던지, 일반고만 가도 다행이겠다 싶을 정도로 놀기만 하던 아이는 지원 자격을 갖출 만큼의 공부가 되어있었다.

아이는 이사 후 혼자 집을 누빌 수 있다는 자유로움 그 자체를 만끽했을 게 뻔했다. 얼마나 그러고 싶었을까? 나는 중학교 내내 아이를 그저 기다리고 지켜만 보았다.

무얼 해보자고 권하지도 않았다. 실컷 놀게 두었다. 그렇게 살아볼 자격이 아이에게는 있었다.

아이가 언제든 제 할 일을 생각해내고 먼저 말해줄 때까지 든든한 엄마로 기다려주겠다 생각했다. 그때 무엇이든 힘이 되어줄 엄마가 되어있기로 했다. 아이는 크게 엇나가지 않으며 아슬아슬 자신과 줄타기를 하며 자신의 길을 찾아 돌아왔다.

정말로 고마웠다. 유난히 자동차에 관심이 많던 아이는 두 살 되던 해부터 글보다 차를 먼저 배웠다. 각종 수입차를 다 섭렵했고 도로를 지나는 순간에도 창밖 자동차의 브랜드와 차종 연식 그리고 차의 가격까지 줄줄 읊어 댔다.

용돈이 생기거나 내가 사무실에서 시상금으로 도서상품권을 받아오면 아이는 서점으로 달려가 모터트랜드라는 자동차잡지를 사들고 좋아라 한다. 모터트랜드 후반부에는 차량 가격 옵션 등이 깨알만 한 글자로 적혀 있는데 아이는 그걸 암기해버린 듯했다.

그리고 시즌별로 사모아서 이사준비를 하면서 추리고 추려도 한 박스가 넘을 정도였다. 간혹 책상 위에 발견되는 걸 보면 고3인 아이는 지금도 틈틈이 그 잡지를 사 오는 모양이다.

아이는 어릴 때부터 책 읽는 것을 좋아했다. 바쁜 엄마 대신 책이 아이의 친구였다. 6학년이 되면서 〈총·균·쇠〉가 어렵다며 서점에서 〈사피엔스〉를 사 왔다. 나이키 창업자의 자서전인 〈슈독〉, 영화화되었던 〈나미아 잡화점의 기적〉 등 종류도 다양했고, 때론 깊이가 있는 책을 읽기도 하였다.

아이가 중학교에 간 이후엔, 나도 책을 좋아해 함께 읽어도 좋을 만한 종류의 책을 골랐다.

정재승의 〈열두 발자국〉, 가시미이치로의 〈미움받을 용기〉, 유시민의 〈글쓰기〉 그리고 도킨스의 〈이기적 유전자〉 등 고등학 생인 지금도 난 아이와 함께 읽을 책을 시간 나는 대로 주문해 눈에 보이는 어디에든 손가기 쉬운 곳에 올려둔다.

그러면 아이는 휴식을 하며 그걸 손에 들고 있곤 한다.

중학교 땐 유명학원을 보내는 대신 바쁜 엄마가 해 줄 수 있는 책 선정엔 한계가 있어 매달 서너 권의 도서를 아이 수준에 맞춰 선정해 배송해 주는 서비스를 주문해 책 읽기에 대한 갈증 을 일부분 채워 주었다.

그리고 아이는 집 근처 알라딘 중고책방에서 정치 평론 책 들도 가져온다. 평이한 문장의 〈공감의 문법〉을 읽기도 했다.

읽고 싶은 책은 때때로 엄마 휴대폰 온라인 서점 장바구니 에 넣어둔다. "엄마! 책 살 때 이것도 같이 주문해주세요."

아이의 책장에는 비단 어려운 책만이 아니라 애니메이션 원 피스 시리즈 같은 책들도 있다. 아이는 다독을 통해 폭넓은 생 각을 할 수 있는 밑거름이 되었을 것이다.

그리고 무엇보다 공부를 잘하지 못해도 운동을 잘하고, 1등 급이 아니어도 친구와 선생님들로부터 인정받는 관계를 만들어

갈 줄 아는 꽤 괜찮은 아이로 자랐다.

엄마 혼자 키우느라 사춘기에 들어선 아들의 몽정이 걱정이고 포경수술이 걱정인 엄마에게 아들은 수술도 잘 견뎌주었고 사춘기 자기 몸의 변화도 이해했다.

아빠가 없으니 엄마는 아들이 남자로 자라는 게 걱정이었다. 아이 초등학교 3학년엔 도서관에서 〈엄마는 아들을 너무 모른다.〉라는 책을 빌려 밤을 새워 읽었다. 상산고에 지원해 2차 면접을 준비할 때도 아이는 이미 읽었던 책 중 두 권을 골라 면접에 임했다.

〈슈독〉, 그리고 〈나미아 백화점의 기적〉, 평소에 읽기습관으로 아이는 엄마의 도움 없이 4시간이 넘는 2차 면접을 치렀다.

비록 2차 면접시험을 통과하진 못했지만 1차 서류전형을 통과해 전국에서 모인 아이들과 한자리에서 겨루어 본 것만으로도 큰 경험을 했을 거로 생각한다. 어디에서 그런 경험을 해볼 수 있었을까 싶다.

'아이는 엄마의 뒷모습을 보고 자란다'는 내 믿음이 크게 빗나가지 않았음을 알았다.

아이가 홀로서기를 준비한다.

아이는 1지망 했던 상산고에 떨어지고 집에서 5분 거리 고등학교로 배정되었다.

공부하지 않고 너무 놀아 일반 공립 고등학교에 갈 수 있을까 싶던 아이는 중3 때 유럽으로 10일간 여행을 다녀온 후, 태권도 4품을 따고 8년간 꾸준히 해온 운동을 쉬면서 급격히 불어난 살을 뺐다. 그리고 책상에 앉아있는 아이가 되었다.

우연한 기회에 서울시 청소년 유럽탐방 모집에 신청했다. 두 번의 주말 사전 모임과 조별 현지 시민 인터뷰 프로젝트 자료를 만들어 소수의 중고등학생과 교사가 참여하는 일정이었다.

선착순인 데다 마감 당일에 알게 된 나는 아이 의사는 물을 틈도 없이 곧바로 신청했다.

아이가 이 시기에 경험하면 좋을 것이란 생각에 열흘 일정의 현금 400만 원이 드는 동유럽 5개국 탐방 프로그램 참여의 버튼을 누르고 말았다. 한참 뒤에야 아이는 말했다.

자신과 관련된 일을 묻지 않고 준비한 소심한 엄마의 행동 중 최고의 사건이었다고….

그해 7월 주말 프로젝트 준비를 위해 둘이 기차를 타고 서울을 오갔다. 아이의 눈은 기대감에 반짝였다.

다섯 살까지 서울에서 살았고 나도 서울에서 직장 생활을 한 덕에 서울은 익숙했다. 아이에게도 서울이 낯설지 않은 곳이길 바랐다.

아빠와 1회부터 함께 다닌 서울모터쇼는 빼먹지 않고 찾았고, 어린 시절 자주 찾은 명동교자나 마복림 떡볶이에 들러 아빠와 함께했던 기억을 더듬었다.

4월에 하이 서울 유스호스텔 1박 여행 일정을 짰다. 아빠에 대한 우리 둘만의 추모 방식이다. 우리는 서울을 그렇게 우리에게 특별한 위로의 장소로 만들어갔다.

유럽 출발을 기다리며 집 앞 알라딘 중고서적에서 이것저것 동유럽에 관한 책이나 여행 서적을 골라오는가 하면, 가는 날이 다가오면서 잠들기 전 일정을 머릿속에 그려보았을 거란 생각에 나도 설렜다.

아이가 6학년이 되니, 나는 아이가 엄마 없이 혼자서 하루를 보낼 수 있다는 믿음이 생겼다. 그런 믿음이 있어 차로 30분 거리로 공부방과 살림을 분리할 수 있었다.

유럽탐방도 그래서 고민 없이 결정했던 것 같다. 고등학교 가기 전 낯선 환경과 또래의 낯선 친구들 안에서 자신을 바라볼 수 있는 시기라 생각했다.

새벽 5시 집 근처 인천공항행 터미널에서 아이는 10일간 일정을 위해 챙긴 캐리어를 꺼내 들고 승강장에 들어오는 버스에 올랐다. 아이는 눈인사를 했고 난 고개를 끄덕여 주었다.

공항에 홀로 내리는 순간부터 아이에게 펼쳐질 새로운 경험을 그려보며 가슴이 두근거렸다. 혼자 떼어 보낼 만큼 자라준 아이와 그간 수고한 내게 칭찬하고 그럴 수 있음에 감사했다.

아이는 환전해 준 여행 경비로 엄마를 위해 샤넬 No.5 향수와 떠날 때 용돈을 쥐여준 막내 이모에게 프라하시티 텀블러를 사 왔다.

자신을 생각해준 이모에게 작은 선물이나마 챙겨줄 줄 아는 아이를 보니 잘 자라고 있어 고마웠다.

작년부터 취미로 시작한 엄마의 금융 공부에 아이도 관심이 있었는지 고2 겨울방학엔 주식계좌를 개설해 주길 바랐다.

미성년자는 보호자가 주식계좌를 개설할 수 있다며 은행에서 부모님을 모시고 오라 했단다.

다음날 출근 전 아이와 함께 국민은행 주식계좌를 개설해 주었다.

휴대폰을 보고 시간을 보내거나 게임을 하지 않는 아이에겐 하나의 즐거움이 될 수 있다고 생각해서다.

어른이든 아이든 사는 재미가 필요하다. 학교에서는 가르쳐 주지 않는 금융 지식을 스스로 배워보는 것도 좋다는 생각이 들었다.

나는 아이에게 방해가 되는 일이 아니라면 작은 성공이나 실패도 그 안에 배움이 있다고 생각하기에 아이가 원하는 일은 긍정적으로 지지해 주는 편이다.

얼마 전엔 수익이 난 주식을 매도하고 그 금액으로 나이키 공식 사이트에 응모해, 당첨된 리미티드에디션을 구입해 정식 리세일 사이트에서 수익을 얻었다 했다.

"엄마에게 그렇게 나누어야 이런 행운이 또 올 것 같다." 하면서 어버이날 선물로 셔츠를 사주었다.

남은 돈으론 자기가 갖고 싶은 것도 샀을 테고, 또 일부는 재투자했을 것이다.

아이가 주식을 시작하면서는 집안 어른들로부터 받는 용돈에 관해 간섭하지 않는다. 적은 금액이라도 운영하는 법을 알아두면 언젠가는 도움이 될 것이라는 확신이 있기에….

고등학교를 마치면 아이는 경제적으로 조금은 독립할 것을 꿈꾸고 있다.

그저 옆에서 응원해 주는 것뿐

아이가 중3부터 생긴 체육 교사의 꿈. 아주 어릴 적부터 해온 태권도로 자신의 몸에 대해 잘 아는 아이는 자신이 세운 목표를 위해 밤늦게 집에 와서도 잠자기 전 근력운동을 했다.

아이패드를 자전거 계기판 위에 올려놓고 수능 인터넷 강의를 들으며 자전거를 페달을 돌렸다. 틈틈이 체력을 기르며 공부와 병행했다.

그리고 고2 겨울부터 체대 입시 준비를 했다. 이 또한 나는 상담 예약을 하는 예약자일 뿐이고 함께 가서 들어주는 역할만 했다. 그간 해온 대로 아이가 필요한 학원을 알아보고 선택했다.

그런데 오래전부터 해온 운동에 약해진 발목인대는 무리한 입시 준비로 심각한 부상을 입었다. 아이에게 6개월 동안 달려온 입시 준비를 전면 수정해야 하는 상황이 발생했다.

의사 선생님으로부터 운동할 수 없는 판정을 받았을 뿐 아니라 수술까지 해야 하는 상황이었다.

어쩔 수 없이 한 달 동안 운동을 쉬며 공부에 그동안 못 한 시간을 투자하며 아이는 자신의 몸 상태를 파악했던 것 같다.

아이가 말했다. 더는 운동을 하긴 어려울 것 같다고. 자기 상태는 입시 운동을 버텨내기 힘든 상태인 것 같다고. 나도 아이의 말을 담담히 들었다.

그날 밤 아이가 잠든 후 나는 침대에 누워 마음을 부여잡았다. 그 결정을 할 때까지 겪었을 좌절과 앞으로의 자신의 입시에 대해 막막하고 미래에 대한 두려움에 힘들었을까? 아이의 아픈 마음을 생각하며 침대에 돌아누워 눈물을 흘렸다.

아이가 자기의 결심을 내게 말한 다음 날 우리는 더 유쾌하게 아침을 맞았다. 마침 주말이어서 차에 태워 맛있는 밥을 먹으러 갔다.

6개월 동안 운동에 비중을 두어 부족했을 수능준비, 치료로 나을 수 없는 아픈 발목으로 버텨내야 할 스트레스로 마음이 얼마나 불안했을지….

어떻게 하든 아이의 아픈 마음을 위로해 주기 위해 아이 기분을 살피려 노력하는 중이다. 아이가 무리한 걸 요구하진 않지만, 당분간은 원하는 것이 있다면 작은 것까지도 요청에 무조건 응해주기로 했다.

분실해서 다시 구입해 준 지 일 년 된 에어팟, 이번엔 바닥에 떨어뜨려 소리가 끊어진다 했다. 고장 나지 않은 것 같았지만 친구들이 쓰는 최신형 에어팟을 갖고 싶어 하는 눈치였다.

엄마가 얼마간 입금해주면 나머진 자기가 용돈으로 보태겠다는 제안에 바로 응했다. 자신의 호기심에 엄마에게 괜한 돈을 쓰게 하는 미안함이 있었던 아이의 제안이었다. 난 아이가 제안한 대로 그렇게 했다.

그걸로 힘든 수험생활을 넘기는 데 도움이 된다면 난 더한 것도 해 줄 생각이니까···. 그런 시시콜콜한 문제가 은근히 아이의 마음을 흔들어놓을 수도 있기 때문이다.

나도 어릴 적 엄마가 내가 갖고 싶은 나이키 점퍼를 한 단계 저렴한 점퍼를 사주셔서 밤새 그걸 입는 꿈을 꾼 적이 있었다.

어쨌든 아이는 어떤 면에선 나보다 더 이른 나이에 어른이 되어있었다. 아이는 내가 열아홉 살이던 때보다는 훨씬 더 세상을 안다.

부모들은 아이를 자신의 기준으로 바라보는 습관이 있다.

'너는 왜 이만큼밖에 못하니?'

이렇게 야단치면 아이도 엄마도 자꾸만 화가 난다.

난 걱정하고 속상해하는 부모들에게 물어보고 싶다.

'당신의 열아홉은 어땠으며, 당신의 열세 살은 어떠했는지?'

내가 아이 나이일 땐 세상의 변화가 느렸다. 지금 아이의 세상은 훨씬 빠르게 변화한다. 그런 세상 속에서 그 나름의 인생을 열심히 살고 있다는 것을 인정하면 나와 아이의 사이가 좋아질 수밖에 없다. 사이좋은 부모 자식 관계가 된다.

부모가 달라지면 아이가 달라진다. 만약 아이가 달라지길 바란다면 여러분이 먼저 달라져야 한다.

이제 아이는 곧 스무 살 성인이 된다. 생각대로 엄마 품을 떠나 그동안 노력한 결과에 따라 당당하게 독립하고 싶다는 목표로 하루하루 열심히 살고 있다.

학교 선생님이 계시고 오랜 시간 아이를 지켜봐 온 학원 선생님과 과외 선생님이 계시니 난 한 걸음 물러선 자리에서 아이를 응원한다.

아이를 위해 냉동실 한 칸을 갖가지 종류의 아이스크림으로 채워 준다거나, 냉장실 한 칸은 푸딩이나 초콜릿 간식과 언제나 마실 다양한 음료로 채워놓는다.

또 틈틈이 살펴 새로운 것으로 채워놓는다.

'아들만을 위한 냉장고 한 칸'을 만들어준다.

엄마의 형편대로 "너를 응원하고 있다"라는 표현이다.

작년 고2 슬럼프가 크게 왔을 때 아이는 원하는 걸 말했다. "나도 세 식구로 살고 싶다"라고….

집에 오면 자신을 맞아 줄 누군가가 필요했나 보다. 아이는 집에서 말수가 줄었고 우울 증세까지 심해져 중2부터 아이를 맡아주신 과외 선생님까지 걱정했다.

나는 두 달여의 반대 끝에 아이를 위해 도전하는 마음으로 결심했다. 아이가 원하는 대로 아기 고양이를 입양했다.

나는 한 번도 동물을 만져 본 적이 없다. 고양이와의 삶은 내게도 커다란 사건이었다. 입양을 알아보러 나선 길에 처음 만난 아기 고양이를 데려오고 말았다.

아기 고양이는 케이지 안에 내민 내 손에 조심스레 자기 발을 얹었다. 뒤돌아 나오며 내가 아니면 혼자 남아 이곳에서 누군가를 기다리고 있을 아기 고양이 눈망울이 자꾸만 밟혔다.

카페에 앉아 한 시간을 생각하다 용기를 내어 아기 고양이를 내 차에 태웠다. 아기 고양이와 나는 집으로 향했다.

내가 글을 쓰는 시간에도 깜빡거리는 커서가 재밌는지 노트북에 고양이가 글자를 써댄다. 화면에서 움직이는 커서를 잡고 싶어 안달이다.

호기심쟁이 우리 봄이….

자정이 넘어 독서실에서 돌아온 아이의 좋아 폴짝 이던 모습이 기억에 여전하다. 어찌나 좋아하던지. 아이는 다시 한번 힘을 냈다.

"내가 다 보살필게요. 제발 먼치킨 입양만 해 주세요"

몇 달을 조르던 아이의 약속이 오간 곳 없지만, 고2나 된 아들의 부탁이 정을 나누고 싶은 애원이었음을 나는 오히려 고맙다.

1년 넘게 우리에게 사랑을 나누어주는 봄이가 고맙다.

지금 우리 셋은 사이좋게 잘살고 있다. 봄이는 나를 믿고 자기를 기꺼이 맡긴다.

내가 엄마인 듯 꼬옥 안겨 새근새근 잘도 잔다. 우리의 아침과 밤은 봄이에 관한 이야기로 시작되고 봄이와 함께하는 우리의 짧은 나눔으로 하루의 피로를 달랜다.

아이가 바라는 것, 그리고 그것을 얻기 위해 나름대로 애쓰는 모습을 담담히 지켜봐 주는 것, 그리고 기다리며 아이와 나를 위해 열심히 살아가는 것 그게 내 방식이다.

별다른 걸 해주지 않아도 인고의 시간이 얼마나 필요했는지 겪어본 사람들은 안다.

이젠 더 이상
소환하지 않을게요.

수업 중 누군가가 공부방 벨을 눌러 나가니 채무담당자가 남편 이름이 적힌 서류를 내밀었다. 본인과 연락이 안 되어 찾아왔다고 했다. 남편에게 무슨 일이 있었던 걸까.

나는 몰랐던 일이었다. 만약의 경우를 대비해 알려준 대로 법률구조공단을 통해 수습하고, 그들을 돌려보낸 뒤 교재를 다시 들고, 떨리는 마음을 가라앉혔다.

일단 오늘을 버티자. 그럼 내일도 버틸 수 있고, 그리고 며칠 지나면 지금보다 더 나아질 거다. 그렇게 주눅 든 가슴을 다독이며 단단해져 왔다.

응급조치만 하면 될 줄 알았던 남편도 살리지 못하고 버려두고 온 내가 못 견딜 일이 무엇인가. 세상엔 아까울 것도 연연해 할 것도 없었다.

갑자기 혼자된 나를 향해 들려오는 수군거림….

눈을 질끈 감고 발걸음을 재촉했던 일,

공부방에 누수로 몇 번이나 불편을 겪던 일,

두 달을 끌며 이것저것 일을 키우며 갑절의 돈이 나간 일,

보일러 고장으로 덜덜 떨며 지낸 겨울,

그 안에서 아이를 품에 안고 재우며 미안해 애태웠던 일.

어수선한 공부방으로 드나드는 학생들에게 얼마나 부끄럽고 미안했는지…. 학부모님께도 미안했다. 그럴수록 아이들에게 더 최선을 다해 지도했다. 더 꼼꼼하게 관리했다.

여자 혼자 아이를 키우며 산다는 건 무언가 부족하다는 것 이다. 그러니 아무것도 모르는 척 살아가는 편이 차라리 낫다고 판단했다. 그러면 세상이 조용하고 편했다.

공부방에 관한 작은 민원 하나도 힘들었다. 수업이 끝나면 계단을 오르내리며 구석구석 떨어진 작은 쓰레기 한 개라도 살 폈다.

혹시나 복도나 엘리베이터에 음료가 엎질러진 걸 보면 공부 하러 온 우리 아이들이 실수한 그것으로 생각하고 누가 오기 전 에 깨끗이 닦았다. 내가 이런 정도인데 내 아이는 공부방에서

지내는 동안 얼마나 불편하게 살았을까? 우린 서로 아파도 아프 단 말을 삼키며 그 시기를 견뎠던 것 같다.

그러기에 아이와 가장 중요한 관계는 사이좋은 관계라고 생 각했다.

아이를 존중하고 긍정하며 살게 하고,

울보 아내와 어린 아들을 이 세상에 두고 떠난 그 남자.

하늘에서 그동안 편하지 않았을 남편.

힘들 때마다, 보고 싶을 때마다 그를 얼마나 소환했는지….

나 좀 어떻게 해달라고,

우리 아이 좀 잘 키워달라고,

우리 좀 지켜달라고,

그를 부르고 또 불렀다.

그리고 얼마 전에서야 난 우리 곁을 떠난 그에게 약속했다. '이제 당신 소환하지 않을게. 그만 찾을게'라고….

'이젠 편히 쉬었으면 좋겠다'고,

'이제 나도 어른이니까, 아이도 많이 컸으니까'라고….

그가 내 이야길 들을 수 있다면 얼마나 좋을까 생각한다. 한 번이라도 마주 앉아 이야기 나눌 수 있다면 얼마나 좋을까? 둘이 만나 잘 자라주고 있는 아이에 관해 이야기할 것 같다.

그의 손을 한 번만 잡을 수만 있다면 얼마나 좋을까. 그러면 나는 그의 손에 내 손을 올리고 말하고 싶다.

고맙다고 그동안 수고했다고….

'나 이제 운전하면서 울지 않아,

나 이제 공원 걸을 때

다른 이들의 사이좋은 걸음에 눈이 멈추지도 않고,

서류 가방에 양복을 입은 당신 닮은 남자들 보아도

당신 생각 조금밖에 나지 않아.

당신 부모에 대한 섭섭함 이젠 없고,

당신과 먹었던 음식 함께 걷던 길

함께 나눈 이야기 소소한 일상들이 묻어있는 장소는

마음속에 간직할 거야.'

'나 이제 일도 꽤 잘해,

그리고 당신 아들 이제 정말 많이 컸어.

자기 일도 알아서 할 줄 알아. 믿고 맡길 만큼 자랐어.

 그 솜털 보송보송했던 아기가 아니야.

당신이 지켜준 덕분이야.

우리 앞으로도 잘 살 거야.

그곳에선 아프지 말고 상처받지 말고 행복했으면 좋겠어.'

타고난 인복 덕에 아파트 경비원분들까지도 내 일은 우선 챙겨 봐주신다. 지점사무실 경리도 내 일이라면 우선순위에 두고 일을 처리해준다.

교사들도 나의 이야기에 경청하고 존중해준다. 강의 때마다 만나는 본사 교육팀 가족들도 친근하고, 함께 일했던 멘토 선생님이 퇴사하시고 며칠 뒤 선생님 집으로 달려가 둘이 부둥켜안고 어찌나 울었던지….

퇴사한 선후배 교사들과도 관계가 좋다. 지금도 소통이 편안하다. 모두 나를 잘 대해 주신다.

다행히 아이도 엄마를 닮아 인복이 있는가 보다. 학교든 학원이든 아이를 맡아주신 선생님들도 아이에 대해 긍정적인 편이다. 친구들이 많아 외롭지 않게 중고등 학창시절을 지냈기에 더 감사하다.

아이도 어려움이 많았다는 건 굳이 말이 필요치 않지만, 그래도 아직은 우리 삶이 그렇게 각박하지만은 않았다.

나는 더 잘 살아가고 싶다. 아이를 인정하고 존중하고 아이 엄마로서 당당하게 힘내어 더 잘 살고 싶다.

엄마 혼자 아이를 키운다는 것, 여자 혼자 세상을 살아간다는 것, 갑자기 혼자 된 채로 살아간다는 것, 인사하고 지냈던 나를 아는 사람들의 궁금한 시선을 받으며 살아간다는 것, 명절 때면 문밖을 나가기조차 신경 쓰였다.

경제적 자립을 하고 싶어도 도움받을 손이 없어 온전히 가정주부로 양육만 하던 5년. 경력단절의 엄마가 자기 자리에서 지금의 성장을 이룬다는 것. 누구에게나 주어지는 흔한 경우는 아닐 것 같다.

그래서 난 운이 좋다. 할 줄 아는 거라고는 한눈팔 줄 모르는 것. 경력단절녀 아줌마는 새로운 일을 선택하고 한곳에 몸담고 배우고 성장했다.

아이들과 부모님들의 신뢰를 받고 사랑을 받으며 14년의 짧지 않은 시간을 지내왔다.

나를 이만큼 키워준
회사에 대한 작은 보답

내가 본사의 강의 요청을 지금까지 이어온 것은 몇 가지 이유가 있다. 아이는 자라면서 공부방에서 수업하는 엄마 모습 이외에,

지점사무실에서 일 잘하는 엄마,

매해 탁월한 영업력을 발휘하는 엄마,

공부방 사업에 도전하는 교사들 앞에 서는 엄마,

아들은 그런 엄마가 자랑스럽다고 말한다.

비록 회사에서 높은 직급의 직장인은 아니지만, 작은 공부방을 하면서 긴 시간 곁눈질하지 않고 같은 자리에서 변함없는 엄마의 뒷모습을 보고, 아이도 제 삶의 기준을 만들어 갈 것이라는 믿음이 있다.

또 다른 이유가 있다. 나는 영업국에서 요청하는 강의나 지

점에서 요청한 강의 외 추가로 주제와 내용을 더 보태며 밤잠을 줄여 ppt 자료를 만든다.

대부분 자신의 사례를 정리해 일목요연하게 전달하면 되는 일이지만 시간을 내어 복잡한 과정을 거치는 까닭은 내가 회사를 통해 성장했듯이 내 강의로 인하여 단 한 명의 교사라도 성장시키고 싶어서이다.

내가 지점 조회를 위해
〈기본〉이란 자료를 만들거나,
〈공부방으로 대박 나기〉,
12월 연도 마감에서 〈매출 및 팀 운영에 대한 강의〉와
새해 1월 워크숍에서 〈2020을 위한 작은 시작〉 등.

이런 자료를 만들어 강의하거나 자료를 제공하고, 주요 행사에서 팀장 역할을 군말 없이 맡는 이유는 단순히 박수를 받기 위함이 아니다.

내 강의 대상이 되는 교사들에게 나의 축적된 자료를 나누어야 하는 위치임을 알기 때문이다.

강의를 듣기 위해 자리한 이들의 기대와 내 강의를 경청하는 눈빛을 마주한다는 것은 매우 그 책임의 무게가 느껴지는 순

간이다. 가벼이 내 이야기나 들려주면 안 된다고 생각했다.

그것이 내가 다른 사람들로부터 받은 것에 대한 보답이라 생각했다.

아이가 어렸기에 직책을 꺼리는 내게 지점에선 팀장으로만 일하도록 배려해주었고, 아이가 중3이 되어서야 내게 직책을 맡을 것을 부탁했다.

난 기다려준 고마움으로 그 일을 수락했다. 주임이 아닐 때도 상무님은 강의를 마치고 나오는 나를 보면 항상 격려해주셨다.

"김 주임 수고했네"라고.

그럴 때마다 내 상황을 이유로 주임직을 미루는 것 때문에 죄송한 마음이었다.

실질적으로는 주임 역할을 10년을 해오던 일이었지만, 책임을 맡기엔 부담이 컸다. 매번 미루던 일이지만 더는 미루기 미안했다.

통상, 팀 매출의 40~50%는 내 개인 매출이다. 팀원들의 매출까지 합하면 내가 맡은 팀은 항상 우수한 성과를 가져오곤 했다.

나는 팀을 작은 지점으로 생각하고 관리와 운영을 배우는 계기로 삼았다. 팀원들에게 각각의 일을 분담하게 하고 그에 대한 인센티브를 제공했다.

같은 교사의 입장에서 팀원에게 제안하고 결과를 끌어내는 방법으로 소통하고 독려했다.

지나 주임의 팀원일 때 행복했다는 소릴 들을 수 있도록 노력했다.

나를 내세우기보다는 동료 교사와 같은 눈높이에서 함께 문제를 해결하려 했다.

내가 신입 시절 받은 것처럼 좋은 선배이자 리더로서 든든한 동료가 되어주면서 그들에게 선한 영향력을 주고 싶었다.

함께라서 가능한 일, 연대

교사 대부분은 일인다역으로 살아간다. 엄마로서, 아내로서, 집안의 며느리, 그리고 딸로서…. 서로의 바쁜 입장을 충분히 이해한다. 그들은 동료 교사들의 사례를 통해 조금이나마 도움을 받는 것이다.

그래서 나 역시도 나의 사례로 그들에게 움직여 볼 계기를 제공해 주는 것이다.

내 이야기를 듣는 이들 중 한 사람만이라도 영향을 줄 수 있다면, 강의를 통해 누군가 움직일 계기가 된 것이라면 매우 의미 있는 일이다.

지금은 강의를 듣는 사람들의 눈을 보면 그의 생각이 읽히고, 공감하는 사람이 몇 명인지 헤아릴 수 있다.

그들에게 주어야 할 처방도 대체로 알고 있다고 자만할 정도가 되었다. 그래서 이제는 동료 교사들 앞에 설 일이 있으면 강의내용도 중요하지만, 고객과 주변 사람, 그리고 특히 교사들의 니즈를 파악하는 데 집중하고 있다.

그들의 필요는 주제별, 시기별로 다양했으나 매번 나는 동료 교사가 그들의 공감을 끌어내도록 하고 있다. 그들은 내가 잘난 척하는 모습을 보려고 강의실에 온 게 아니다.

내가 공부방을 어떻게 운영해서 지금 이 자리에 있는지 그리고 어떤 것을 지향해 발전해 나가는지 알고 싶은 것이다.

불편한 시선으로 바라보는 교사들의 마음도 인정한다. 하지만 오랜 경험으로 이제는 그런 시선에 개의치 않는다.

모두를 위한 강의, 모두에게 감동적인 강의를 전한다는 것이 불가능하다는 것도 이젠 안다.

사람은 자기의 생각을 반복적으로 실천에 옮기고, 또 그런 자신의 행위에 대해 의미를 부여함으로써 그 행위와 자신을 일체화시킨다. 나도 마찬가지다.

나는 늘 되뇌인다.

'나 여기 잘살고 있어. 나 지금 괜찮아.'

그러니 '오늘 잘살아 보자'

그리고 '감사하자.' 늘 이 마음으로 지금껏 버텨왔다.

나는 생각한다. 그런 반복되는 생각으로 지금의 안정된 일상을 살아갈 수 있게 된 것 같다.

커피소년의 노래처럼 〈내 속삭임으로 행복의 주문 걸어 그대 맘을 밝혀줄게요. 따라 하면 돼요. 카운터 줄게요. 하나, 둘 셋, 넷, 행복해져라!〉

내가 누군가에게 행복의 주문을 걸고 카운터를 주는 사람이면 좋겠다. 내가 받은 많은 감사함을 나누어 주고 싶다.

미국 플로리다주 어느 맥도널드 맥스루에서 있었던 일처럼 말이다. 점원에게 자신의 값을 지급하던 운전자가 갑자기 뒤차 운전자가 계산할 금액이 얼마인지 물었다.

그리곤 뒤차 운전자가 낼 금액까지 계산했다. 그다음 운전자도 그 사실을 듣고 똑같이 했다. 그날 내내 250여 대의 차를 탄 사람들이 같은 행위를 반복했다는 이야기다.

이런 작은 생각이 우리의 삶이 따뜻하고 나아가 우리 사회가 살만한 세상이라 느끼게 하는 것이다.

나 하나만으로는 세상을 변화시키기 어렵지만, 그래도 세상을 바꾸려면 그 시작은 나 하나의 작은 생각과 행동에서 출발한다.

내가 다른 사람의 성공에 얼마나 도움을 주는지는 몰라도 그 적은 노력이 나를 변화 시키고 세상을 변화시킬 것이다.

적어도 나는 그 노력이 나를 성장시킨다는 것을 체험했다.

나도 그 크고 작은 움직임을 통해 성장해 왔기에 회사가 나를 믿어 주었고, 나는 그 일에 최선을 다했다. 그것이 모두를 성장하게 만든 힘이 되었다.

작년 고인이 되신 본사 창업주 회장님이 떠오른다. 2018년 크리스마스 즈음 주말 아이와 저녁을 먹을 무렵 모르는 번호로 전화가 왔다. 주말에도 상담문의가 간혹 있기에 나는 자연스럽게 전화를 받아들었다.

"나 회장인데 김 주임 저녁 식사했나요?"라고 물으셨다.

그러시곤 그동안 열심히 잘했다. 앞으로도 잘해라 하셨다.

그리고 앞으론 당신께서 몇몇 교사를 챙기시겠다고….

"수고했다. 고맙다." 말씀하셨다.

회장님 지시로 차장님은 명함제작을 위해 내게 몇 가지 질문을 하셨다. 며칠 뒤 본사로부터 회장님 지시로 별도 제작한 명함 한 세트가 도착했다. 회장님의 선물이었다.

나 자신을 드러내는 성격이 아니지만, 이것만큼은 자랑하고 싶을 정도로 기분이 좋았다. 누구도 알아주지 않지만 나 스스로 책임감 있게 살게 해 준 회사에 대한 감사함과 믿음을 확인하는 순간이었다. 누군가가 묵묵히 바라봐주고 있었다는 걸 느끼는 순간이었다.

그 뒤 교육장에 교육을 받으러 가거나 내가 교육을 하는 경우 회장님께 이곳에 함께 자리하고 있음을 느꼈다. 그래서 그때마다 감사의 안부 문자를 드렸다. 회장님을 때때로 고맙다 열심히 하라고 직접 전화 주시거나 문자를 통해 응원해 주셨다.

일반 개인 공부방 운영과는 다르게 회사의 규정과 통제 속에서 적응하며 발전해 온 사람들, 그들의 헌신이 있어 회사의 현재가 있다고 생각한다.

지점 출근은 기본이고 교육을 맡고 매월 정기 강의가 있는 날은 운전으로 왕복 5시간을 투자하고 삼각 김밥 하나로 허기를 달래고 종일 수업하느라 녹초가 되어 다시 집으로 출근하는 고3 엄마는 이렇게 꽉 찬 하루를 살아간다.

회사에서는 주임으로, 지점에서는 선배 교사로, 작은 공부방을 운영하는 운영자로, 그리고 고3 엄마로 사는 지금에 감사한다. 내게 선생님이라 부르며 수업받는 아이들도, 나를 믿고 아이 손을 잡고 공부방에 맡겨주는 학부모님들도 고맙다. 나는 감사할 일이 많은 사람이다.

오랜 시간 같은 일을 해오다 보니 더 성장하고픈 마음이 생겼다. 지금의 내 일과 관련된 일, 다른 이에게 꼭 필요한 일, 그리고 내가 하고 싶은 일을 찾고 있다.

그래야 한다고 생각한다. 나에게도, 나와 같은 어려움 속에 자신의 성장을 위해 애쓰는 이들에게도 성장의 기회를 만들어주고 싶다.

COVID 19로 인해 세계는 전 분야에 걸쳐 5년의 시기를 앞당겼다고 한다. 내게도 많은 변화가 있었다. 그룹 수업을 고수하던 나에게 이 펜더믹 상황은 비대면 수업에 대한 대책을 세웠게 하였다. 그리고 이 펜더믹 상황이 우리를 함께할 수 없게 만들어서 연대의 소중함도 알게 했다.

처음 대구 코로나 확진자가 천여 명을 기록했을 때 당시 코로나가 심각하지 않았던 지역에 살고 있던 나로서는 그곳의 상황을 미디어로 접하면서 심한 충격을 받았다. 마스크를 사기 위해 길게 줄을 선 사람들…. 거리는 인적이 드물었다.

그곳에 공부방이 얼마나 많은데….

그 교사들은 얼마나 고통받고 있을까 하는 생각에 마음이 편치 않았다. 내가 그들에게 도움이 될 만한 일을 찾아보았다. 며칠을 고민하다 문득 떠오른 하나의 생각이 있었다.

'대구영업국에 응원의 메시지라도 전해보자.' '여기 당신들을 응원하는 같은 일을 하는 사람이 있다고.'

나는 당장 토요일 보강 수업을 마치고 집 주차장에 차를 세우자마자 지점 경리를 통해 대구영업국 지점과 교사 인원을 파악해, 얼마 안 되지만 에너지음료 스무 상자를 대구로 보냈다.

몇 명의 확진자만으로도 동요되던 내가 사는 지역의 상황을 생각하면 작은 응원이라도 해야만 했다. 우린 동료이기에….

1시에 시작하던 수업을 한 회원이라도 그만두는 일 없이 안심하고 공부하러 올 수 있도록 10시에 수업을 시작하는 등 대구와 비교하면 코로나로부터 비교적 안전한 지역임에도 불구하고 우리 역시 방역을 하며 수업해야 했다.

COVID 19사태 초기 너무나 두렵던 2020년 5월 그곳의 교사들은 방역에, 공부방 운영에, 매우 고된 일상을 보내고 있으리란 생각에 밤잠도 오지 않았기 때문이다. 대구 국장님은 음료 박스가 도착하자마자 나를 수소문해 곧바로 전화를 주셨고, 수업 중 걸려온 감사 전화에 나는 몸 둘 바를 몰랐다.

한 달여가 지나 사태가 조금 진정된 후, 국장님으로부터 갖가지 공부방 용품들이 한가득 배송되어왔다. 고마웠다는 말씀에 내 마음은 벅찼다.

그 일을 계기로 나는 이같은 위기가 우리에게 더 큰 연대의식을 갖게 한다는 것도 알게 되었다. 내가 쓴 적은 돈은 열 배 이상의 가치가 있었다. 이러한 사건들이 내가 앞으로 가야 할 길을 생각하게 된 계기가 되어준 것도 같다.

그래서 우리에게 잠시 멈춤의 시간이 필요한지도 모르겠다.

나 같은 사람들에게
희망을 주고 싶다.

　나는 스스로 움직여 일하는 사람이 되고 싶다. 이 글이 나와 같은 처지에 있는 이들에게 빛이 되고 위안이 되었으면 한다.

　글을 쓰면서 나 자신에게도 치유할 기회가 되었으면 한다. 그리고 또한 앞으로 내가 어떻게 살아야 할 것인가, 삶의 방향을 생각하게도 된 것도 같다.

　현장에서 교사로, 운영자로, 같은 일을 하는 이들에게 먼저 일을 해본 입장에서, 적지 않은 교육을 담당해 온 지난 10여 년은 나 자신을 성장시켜주었다.

　그리고 내가 갈증을 느끼고 있는 그 무언가를 찾게 될 것 같은 예감도 주고 있다. 남는 한 조각의 시간이 있을 때마저도 내일 아이들에게 무얼 더 넣어줄까? 내 공부방에 부족한 것이 무엇일까? 이런 것들을 떠올리고 있는 나를 발견한다.

그렇지만 그러는 사이 내게 부족했던 것들을 채워야 하는 것에 대해 생각해보지 못했던 것 같다.

그동안 나를 성장시켜준 직장이 있고, 바쁜 엄마 덕에 초등 3학년 때부터 아프면 혼자서 병원에 다닌 고마운 아이가 있고, 먼저 간 남편은 울보인 나를 더 단단하게 만들어주었다. 그리고 항상 나를 응원해 주는 많은 분이 있다.

고난은 극복할 만큼 주어진다고 했지만 길고 보이지 않는 터널을 혼자서는 지나간다는 것은 조금만 삐끗하면 모든 것을 잃게 될지도 모를 만큼 힘든 일이다.

충분히 아파야 일어난다고 했지만, 그 충분의 깊이가 얼마인지 보이지 않는다. 참고 기다리고 또 기다리다 지쳐 나가떨어지기도 쉽다.

물론 나보다 힘든 상황에서 극복해낸 훌륭한 사람들도 있을 거다. 그래도 이만큼 지내온 나도 잘 해내고 있다고 할 만큼은 된다고 스스로 위로한다.

그래서 나처럼 힘든 사람들에게 내가 내민 손이 조금은 도움이 되지 않을까 싶다.

나는 뛰어난 사람도 아니고 지독한 사람도 아니다. 그렇다고 세상의 변화에 재빠르게 대응하지도 못한다.

나는 그저 꾸준히 내 몸에 맞는 일을 한 것뿐이다. 그러다 보니 이제는 한숨 돌릴 수 있게 되었다.

보통의 아이 엄마가 살아온 이야기가 지금 힘든 상황을 이겨내고 있는 이들에게 조금은 위안과 희망이 되어준다면 좋겠다.

남편을 눕힌 침대가 수술실로 들어갈 때도 나는 그를 다시는 못 보게 될 줄은 몰랐다.

그리고 그의 얼굴에 대고 마지막으로 한 약속은 생생하다.

'걱정하지 말고 잘 가. 내가 잘 해낼게'

나는 지금도 그와의 약속을 지켜내며 살아간다.

제 3 막

그리고….

이곳은 인생 3막을 위한 여백이다.

다가올 인생은 천천히 살아가야겠다.
너무 숨 가쁘지 않게,
나 나름의 속도로 ….

매일 아침을
고마움과 희망 가득한 설렘으로
맞이하고 싶다.

나가면서

내 비록 얼마 살지는 않았지만, 책을 쓰면서 인생을 돌아볼 기회를 가졌다. 좌절도 있었고, 작지 않은 성취도 있었다. 즐거운 일도 있었지만 참으로 아프고 힘든 삶이었다.

그런 삶에도 잘 버틸 수 있었던 것은 나를 위로한 많은 사람들, 가족, 무엇보다 나의 아이가 있었기 때문이다.

생각해보면 많은 시간 스스로 힘들다고 생각했고, 또 필요 이상으로 아파했다. 아파하는 것도 습관이 된다. 그러면 인생도 그렇게 그렇게 굳어지기 마련이다.

어느 순간 나는 더이상 그렇게 생각하지 않기로 했다. 힘들고 아프고 외롭지만 그런 것들이 내 삶을 지배하지 못하도록 해야 한다고 다짐했다.

아픔은 이제 그만이다. 이만하면 되었다 싶다. 맞다. 바로 그때부터 궁상떠는 것을 그만두었다.

힘든 상황에 처했을 때 치료의 방법은 사람마다 다를 것이다.

그러나 무엇보다 중요한 것은 슬픔에 빠져 실컷 눈물을 흘리는 것이든, 병원을 찾아 도움을 청하는 것이든, 어둠의 그림자가 나를 지배하도록 방치해서는 절대로 안 된다는 점이다. 적극적으로 치료의 방법을 찾고 움직여야 한다.

나도 어느 순간부터 그렇게 지낸 것 같다. 그것 때문인지 오기가 생겼고, 도전했으며 발전했다. 이젠 삶의 여유도 갖게 되었다. 그런 내가 고맙다.

다만 이즈음 내가 그 힘들었던 시기를 다시 떠 올린 이유는 정리할 계기가 필요했던 것 같다.

너무나 힘들었던 일이나 지나온 길에서 한쪽 다리가 짧아 기우뚱거리는 의자처럼 똑바로 서 있으려 애쓰며 살던 내 모습을 세상에 내놓아 덮여있던 마지막 상처까지 치료하기로 했다.

나는 그 방법으로 책을 내었다. 물론 글을 쓰면서 아직도 상처가 아물지 않았음을 느낀다.

하지만 그래도 나는 내 삶에 대해 3인칭 관점에서 편안히 조망해야 앞으로 나아갈 수 있다고 생각했다. 그리고 그것은 내

가 그 누구에게도 내 지난 얘기할 수 편안하게 말할 수 있어야
한다고 생각했다.

　생각해보면 내가 지금 이처럼 안정된 삶을 누릴 수 있었던
것은 결코 내가 남들보다 더 열심히 살았고 또 더 훌륭해서가
아닌 것 같다.
　어쩌면 지금 이런 것은 나를 유혹하거나 흔들만한 상황이
없었기에 가능한 일이라는 생각이 든다. 그래서 지금의 내가 있
을 수 있었다.

　그러니 이 얼마나 다행스럽고 또 감사한 일인가!
　나는 이러한 행운이 앞으로도 계속되길 기도하며, 힘든 과
거를 뒤로하고 내일을 꿈꾸고 있다.